知识生产的原创基地
BASE FOR ORIGINAL CREATIVE CONTENT

颉腾商业
JIE TENG BUSINESS

活着

中小企业的
55个生存策略

55 Business-Turbos für KMU

［德］菲利普·泽梅尔洛特（Philip Semmelroth）◎著
李嘉荣◎译

中国广播影视出版社

图书在版编目（CIP）数据

活着：中小企业的55个生存策略 /（德）菲利普·泽梅尔洛特著；李嘉荣译. -- 北京：中国广播影视出版社，2023.5

ISBN 978-7-5043-9004-2

Ⅰ. ①活… Ⅱ. ①菲… ②李… Ⅲ. ①中小企业－企业管理－研究 Ⅳ. ① F276.3

中国版本图书馆 CIP 数据核字 (2023) 第 055039 号

活着：中小企业的55个生存策略
[德] 菲利普·泽梅尔洛特（Philip Semmelroth） 著
李嘉荣 译

策　划	颉腾文化
责任编辑	任逸超　马　腾
责任校对	张　哲
出版发行	中国广播影视出版社
电　话	010-86093580　010-86093583
社　址	北京市西城区真武庙二条 9 号
邮　编	100045
网　址	www.crtp.com.cn
电子信箱	crtp8@sina.com
经　销	全国各地新华书店
印　刷	石家庄艺博阅印刷有限公司
开　本	640 毫米 ×910 毫米　1/16
字　数	180（千）字
印　张	14.5
版　次	2023 年 5 月第 1 版　2023 年 5 月第 1 次印刷
书　号	ISBN 978-7-5043-9004-2
定　价	69.00 元

Foreword | 推荐序

亲爱的读者，各位企业家：

我发现人们越来越容易满足了。有些人可能觉得这话太过夸张甚至是有失偏颇的。但以我的经验来看，恐怕这的确是事实。人们不再要求什么，而是满足于现状，成为一个普通的中产阶级。至少，对自己的要求不再那么严苛。

从前，为了赢得关注，人们愿意努力创造价值。然而今天，虽然成功依旧重要，但人们更关注自身是否会感到倦怠。因此，人们再也不会全心全意地做一件事。于是，渴望创业成功、希望获得成长和认可的人们开始迷恋专家们兜售的成功法则，他们根本分不清这些专家是真的能帮助他们成功，还是单纯因为自己精通销售而已。而菲利普·泽梅尔洛特不光是一个全能的销售奇才，也是一位名副其实的专家。他擅长演讲，说话平实，内容发人深省。这位经验丰富的企业家在父母的房子里创办了一家公司，多年苦心经营，建立了工作团队，优化了公司运营流程，在 20 多年的成功经营后，将公司出售给一位投资者，获得了丰厚的利润。

今天，泽梅尔洛特帮助许多（他服务过的）企业发展得蒸蒸日上，这得益于他丰富的领导力、激励、销售和营销方面的知识。许多曾与他交谈或者接受过他指导的企业家都对他的能力赞叹不已。

在创立上述公司的同时，泽梅尔洛特还创立了另一家公司，为创业者、企业家和国际公司提供企业管理咨询和项目支持，他的办法十分务实、健全，效果立竿见影且长期有效。泽梅尔洛特不喝酒，否则一定是一个酒鬼，因为这个人一旦决定做一件事，就一定会全力以赴。他全身心的投入和卓越的执行力让我惊叹，这也是我多年来一直在关注他的原因。我不知道他什么时候睡觉，但只要醒着，他就能创造出无穷的价值。你们会在这本书中找到很多这样的事。

这本书以简洁明了的话语和生动有趣的形式提供了许多实践案例，希望你能从中得到启发。希望你不再纠结于可行性研究，跳出舒适圈，渴望去获得属于自己的更好的结果。未来不是由一连串不确定事件连接起来的，而是我们今天行动的结果。

祝你一切顺利。

赫尔曼·舍尔（Hermann Scherer）

企业家、顾问、畅销书作家

从初出茅庐到业峻鸿绩

花钱聘请我的人会得到更高的回报，他们将会把从我这里得到的经验付诸实践，并获得成功，如果你也想在企业经营上获得成功，同样可以运用这些经营策略。这些策略已经得到了检验，你需要做的就是阅读、行动。不需要花时间去犹豫或者怀疑其可行性，直接行动就好了。当然，本书适合那些想快速获得收益的企业家，如果你只是想看上去很忙而已，那么这本书可能并不适合你。我在这本书中总结了23年的创业经验。在高中毕业前，我创办了第一家公司，并将逐渐积累起来的知识加以归纳和整理，使之条理化，之后我将公司重组，使公司变得更加系统有序，提高公司的价值。渐渐地，我将公司的日常业务交给员工，逐步培养他们独立工作的能力。我只处理一些核心业务，其他业务全部由员工完成。这让我不仅能继续获得可观的月收入，还有时间去开发新的项目。2020年秋天，在新冠疫情期间，我将公司出售给一位投资人，赚得了丰厚的利润。这样，我就可以专心我的第二项事业了，我提供咨询、培训和辅导，帮助其他企业家变得更加成功。因此，如果你愿意读这本书，会从中得到我的创业经验，来指导你如何经营企业。如果你暂时还不想改变什么，至少也能获得新的灵感。

书中的案例简洁易懂，没有复杂的概念，因此，即使你没有系统学习过工商管理的专业知识也能轻松读懂。根据我的经验，成功与否往往不取决于接受何种教育，而在于如何决策和行动。无论你出身如何，只要将这些方法合理运用在企业管理中，你的企业就会在激烈的竞争中脱颖而出。本书内容适合中小企业家阅读。在德国，约 90% 的公司员工人数不足 10 人，只有 9% 的公司员工人数在 10~49 人之间，拥有 1 000 人以上员工的公司仅有 3‰，因此，中小微企业是德国经济的支柱。然而，公众和政治家们总喜欢关注所谓的巨头公司——苹果、谷歌等。而这些大公司专业的企业管理知识对中小微企业家来说并不合适，中小微企业家更需要实用的策略和技巧来帮助公司走上正轨。本书将告诉你作为一个员工少于 100 人的公司老板、创始人、个体经营者怎样带领企业走向成功。

16 岁时，我就开始帮邻居处理电脑故障。18 岁时，我想开一家公司，让自己可以更专业地解决电脑故障的问题。当然，我遭到了父母的强烈反对。但是，为了做成这件事，1998 年 4 月 30 日，我逃学了，在未得到父母同意的情况下注册了公司。不过在一天午餐的时候，我还是选择把这件事一五一十地告诉了父母，我认为我这样做是对的，毕竟我还和父母生活在一起，我不希望因此和他们产生矛盾。当然，如果你觉得有必要，也可以这么做，我不会刻意警告你“不要学我！”。如果你想积累创业经验并按照自己的想法塑造自己的人生，就不要担心早晚，你只要立即开始就行。我的父亲是医生，母亲是教师，创业这样的事情对于他们来说简直是不可思议，他们没有丝毫经验。因此，我非常清楚，为了让我的公司起步，我可依靠的人只有我自己。

一年后，我以 2.8 分的成绩通过高中毕业考试，这个成绩平平无奇，因为我几乎没有时间学习。在公司，我不仅是老板，还是销售员、采购员、会计、电话接线员、技术员，我要招待很多顾客。

在这个过程中，我逐步实践了一些营销想法并获得成功，我的工作也渐渐获得认可。尽管如此，由于缺少资金，为了顺利完成第一笔订单，我要求客户全额预付 12 000 甚至是 70 000 马克的款项。我成功了！起初连我自己都对此感到惊讶，显然，我拥有成功说服客户的能力。但是我的父母依旧希望我“回归正道”。于是从联邦国防军退役后，我去了一所应用技术大学学习工商管理。在 2003 年毕业后，我用学校给的奖学金去美国攻读第二个学位，获得了 MBA 学位。在此期间，我把公司运营交给合作伙伴，这在当时没遇到什么困难。因为在当年，如果一台服务器出现故障，员工仍然可以继续工作。这些事情已经过去很多年了，如今我年逾 40，看上去有些老了……

在最初的几年，虽然我有 12 名员工，但实际上公司是我自己运营的。2019 年，为了获得客户并为其提供咨询，我曾在办公室待了整整两天。我只做可以超越绝大多数竞争对手的事情。比如，为了避免代价巨大且毫无意义的竞标，并确保成交率达到 90%（参见生存策略 21），我会亲自去现场为目标客户提供咨询。或者我会选择在家办公，优化第一家公司，并扩建第二家公司。现在，作为企业培训专家和讲师，我经常穿梭于世界各地。我喜欢站在舞台上分享我的成功经验，我享受为其他企业做强化培训，制定措施，帮助它们在短时间内迅速发展。

如果想要获得成就，没有人能独自完成一切，任何人都需要支持者和合伙人。我真诚感谢那些在创业路上给予我灵感和建议的人，感谢我的前辈。你身处的环境可以锻炼你、促进你的发展吗？没有人必须把所有的错误都犯一遍（才能有所收获），但是他可以从别人的错误中汲取经验。（比如你可以从我告诉你的第三个生存策略中获得经验和教训。）重要的是，你不需要自己探索成功秘诀，你可以直接借鉴前人成熟的经验和策略。在本书中，我会分享我尝试过且成功了的实践经验，你可以从我多年的经验中获得助力。最后，希望你能拥有轻松快乐的阅读体验，并从中获得你需要的生存策略和制胜之道。

如果你想与我联系，欢迎随时写信给我，来信发送至 office@philip-semmelroth.com。

菲利普·泽梅尔洛特

2021 年 1 月于勒沃库森

Contents | 目录

第一章 | Chapter One

活下来最重要

| 生存策略 1 |

专注于为客户解决问题

人们总是在渲染企业家的生活，企业家自己尤甚。在某种程度上，只有这种“自欺欺人”才可以让人心甘情愿地为那些烦琐的工作付诸心血。企业家除了要面对不断增加的工作量外，还得时不时抽出时间去应对一些突发事件。公司规模越大，企业家要处理的工作就越多。企业家不需要去操心分派给员工的工作，需要他们处理的，大多是一些棘手的问题。外行人会想当然地认为企业家辛勤工作不过是为了挣钱、为了发家致富。事实并非如此。企业家在工作中付出多少努力取决于他们的人生目标。因此，开公司不是企业家的目标，只是实现目标的一种途径。人们通过工作实现各自不尽相同的人生理想。对一家公司来说，想实现盈利、长盛不衰，企业家们就要不断提醒自己：公司要想蓬勃发展，应当首先努力成就员工。

“致富”不是公司目标。

对独立的渴望是我前行的动力。我希望有能力选择自己的人生，比如在哪里生活、什么时候从事什么工作、与谁共事、衣食住行等。我从不向往无所事事的日子，退休生活对我来说实在算不上是奖励或者期待，因为如果一个人非常期待退休生活，那就证明他并没有在工作中得到满足，而我非常享受工作带给我的成就感、新鲜感、新体验和新感受。今天，我可以凭借一口流利的英语在世界各地生活和工作。不受地理限制的线上讲座实现了我的一部分价值，虽然因此我获得了丰厚的报酬，但其实我完全不必这样辛劳，因为我拥有的财富已经足以让我过上舒适的生活。我做这件事仅仅是出于喜欢。简单来说，一直以来我的IT公司对我来说，仅仅是实现个人发展的工具，我可以借此来实践我的想法，评估其是否可行，如果可以就将它落实、做大。招聘员工不是为了充门面，公司的交易额也不是博人眼球的噱头，我更看重营业额背后的其他效益。我参加过不计其数的研讨会，从一些优秀的人身上学到了许多，我还去过不止25个国家，我之所以能做到这些，是因为借助了公司这个平台。

企业家之所以能过上别人无法企及的生活，是因为他们选择做别人不愿做的事情。

我非常喜欢给其他企业做培训。虽然我承认，有时不得不用到一些大学时代学到的知识，但是我依旧认为，不是只有上过大学的人才有资格获得成功。虽然我先后在德国和美国求学，并且顺利获得学位，但是我仍然坚信：相比于过程，结果才是最重要的。因此，你要学会如何快速将想法转变为可见的成果，你要让自己优秀到旁人都无法再忽视你。你要在工作中不断检验自己、积累经验。参与公司项目是你锻炼自己的最好机会。不要害怕犯错，只要保证不在同一地方跌倒两次就好。我也曾犯过很多错误，但是同样可以把事情处理好，我非常感谢自己曾经犯下的错误。今天，我更愿意把我的公司看作一个“实验室”，我们不断地在实践中进行实验，试图找到一些策略来帮助人们实现非凡的成就。我们热衷于这种“实验”，但是事实上我们没有大量的资源去支撑这些“实验”有条不紊地持续运行下去。好在我总是喜欢挑战，尤其是别人认为不可能的事。首先，我会设定一个目标，不断寻找可行的方法，然后确定一个工作流程，再交给员工执行，因为我不喜欢做重复的事情。

许多人为自己制定的人生计划根本就是错的，但他们没有意识到，还在苦苦支撑。分期付款、长期储蓄，不断牺牲个人生活，直到

40 岁，几十年的光阴匆匆逝去，发现自己还是一无所有。没关系，首先你必须正视这个事实：你的计划是错的，你需要做出改变。你不是没有毅力和耐心，只是毅力和耐心用错了地方。为什么不去寻求帮助呢？去请教成功的人，看他们是如何让自己变得越来越优秀的。事实上，你的成功策略从哪里得来的根本不重要，重要的是它可以帮助你实现目标。因此，不要再自欺欺人，也不要把失败的责任归咎到生活环境、教育背景和家庭条件上，你需要跳出舒适圈。当然，金钱不是一切，也不是所有人都想坐商务舱，但是我希望你可以努力，让自己想坐商务舱的时候随时可以坐，同样我也希望你保持健康的心态，即便暂时只能坐在经济舱，也可以面带微笑继续努力。

虽然金钱不一定能带来幸福，但是相比坐公共汽车，企业家们还是更愿意开兰博基尼。

凭借 20 年的经商经验，我建议每个人都要首先想清楚自己这一生到底想实现什么目标，为什么想实现这个目标。然后，去看看自己所从事的工作能否帮助自己实现这个目标。如果不能，尽快改变计划。当然，如果你选择向现状妥协，也没什么大不了的。但是你要明白，如果你想展现出自己全部的潜力，就必须跳出舒适圈，挣脱社会对你的束缚，因为这些因素不但不能保护你，还会阻碍你成长。独立创业是不是最适合你自己的，这是每个人都必须问自己的问题。什么是企业家？在我看来，不是一定要拥有一家公司才能叫企业家，可以不断成长、收获成果的人也可以叫企业家。人生不是一场比赛，比赛的意义在于尽快到达终点，而人生的意义在于享受成长。

创业神话有很多，但真正的企业家并不是“神人”。

我的毕业论文是关于创业的，其中提及了一些创业神话。为了真正了解真实的创业故事，我参加了17个商会、商业机构和其他相关机构举办的座谈会，并从中获得了很多信息，我被那些企业家深深吸引。现在，我不想拿成功的企业家每天只工作6个小时这样的鸡汤来激励你，也不想说那些敢于在不好的地段开店并且取得成功的幸运者。当然每个企业家都想自己当老板，也都想有能力管理自己的时间。但事实上，想做到这些并不容易。从表面上看，似乎一定要拥有一家公司的人我们才能称之为企业家，其实，成功的企业家从来都不是真正的老板，客户才是名副其实的老板。因为客户才是企业发展的核心，客户决定了企业要提供的产品和服务。对于绝大多数企业家来说，他们并不能自由决定自己的时间，一切都要以客户为先。

比如收发客户的工作邮件，你可以选择优先处理哪些工作，但最终这些邮件无疑都要一一处理完。在这个过程中，你根本无法自由分配时间，只能想办法挤一点时间出来去处理对自己来说更重要的事情。这个过程就需要动用企业家的思维，而不仅仅只是一名无条件服务于客户的项目负责人。因此，想要成为企业家，首先要摆脱项目负责人的思维，从烦琐的日常业务中脱身出来，给自己思考的时间和更大的行动空间。

总有人说，兴趣是创业成功的保障，比如芥末店、DIY童鞋店或者其他基于爱好的创业项目，但我不这样认为。在我看来，办企业不能脱离市场需求空谈爱好，企业家可以在符合市场的前提下结合自己的兴趣爱好。大多数公司的成功，不仅仅因为创始人的爱好，更源于创始人对市场和外部环境洞若观火的判断，他们会从别人的失败中汲取经验，尤其是别人三番五次踩过的坑。成功的企业会

成功的企业家解决问题的能力更强，他们通过为客户解决问题获取收益。

发现问题，解决问题（参见生存策略 6）。只有善于解决问题，才能开办一个成功的企业。虽然史蒂夫·乔布斯（Steve Jobs）是个狂热的电脑迷，埃隆·马斯克（Elon Musk）十分痴迷汽车，杰夫·贝佐斯（Jeff Bezos）是个不折不扣的书虫，但让他们成功的，除了爱好，更重要的是他们解决问题的能力，这种能力帮助他们开发出同行无法企及的优秀产品。这才是他们得以成功的真正秘诀。速赢理论根本站不住脚，即便在赌场中，轻轻松松就大发横财也是个别情况。办企业是一个长期的事业。杰夫·贝佐斯现如今成就了非凡的商业奇迹，谁知道他也曾面临 5 年连续亏损的巨大困境？

实践经验

如果你想成功，就多关注那些有数十年从商经验和丰富管理经验的成功企业家，从他们身上你会得到迄今为止最实用的经验。听他们的讲座，读他们的书，甚至如果能有机会与他们面对面交谈，那就更棒了！而对于纯粹鸡汤式的激励和一些根本没独立创业过的所谓成功人士的建议，你最好还是审慎一些。

生存策略 2
提升销售能力是关键

企业家总被误解为纯粹的追名逐利者，然而金钱并不是那些成功企业家的主要驱动力，之所以有人这么说，完全是因为他们根本不懂金钱带给人的好处远胜过金钱本身，只有没钱的人才会贪恋金钱。我认为，一个人的价值不能用金钱来衡量，但视金钱如粪土也是完全没有必要的。或许金钱不能使你快乐，但是没有金钱你就能快乐了吗？认为金钱不重要的人，往往早已腰缠万贯，不然他就该整日为生计忧心忡忡了。因此，一定的经济基础是实现决策自由的重要保障。一些成功的企业家会选择把自己挣的钱捐赠给社会，但在此之前，他一定也曾为了挣得足够的钱而辛苦奔走、努力工作。在他们看来，实现财务自由最快捷的方式莫过于帮助其他人走向成功。这不仅是一件高尚的事，实现财务自由的同时，企业家也获得了决策自由。

那么，财务自由如何能带来决策自由呢？对此，我来谈谈自己的亲身经历。那时，我还没有高中毕业，就开始创办公司了。由于资金紧张，我总是处处受限。有时还会碰到一些不愿意按时全额付款的客户，毕竟向一个年仅 18 岁的中学生支付 150 马克 / 小时的服务费，听上去怎么都像是一场赔率极大的赌博。在那个年代（1998 年），150 马克可是很大的一笔钱。幸亏我心志坚强，也明白这种状况实属正常。但我并没有选择降价，而是专心研究如何获得客户的信赖。当然，在当时，如果客户赖账，我也着实没有什么办法。毕竟我当时还只是个学生，没有时间和精力提供特别多的服务，赚的钱还不够聘请律师的。要是像现在这样，能够拥有 7 位数的销售额，那就另当别论了。与我们合作的客户很多，其中当然也有对我们的服务不满意的客户。有些是对我们的工作不满意，而有些则仅仅是找个借口赖账而已。他们有时会直接委托律师寄给我一封律师函。现在碰到这种情况，我会直接转发给我的律师，并给他发一条语音消息，委托他全权处理。即便闹上法庭，我也毫无畏惧，因为我可以罗列一系列对我有益的证据。虽然任何律师都不建议当事人在法庭上发言，只需要在个别情况下回答一些问题就好，但我并不受限于这

没有财富自由，就只能依赖他人。

些条条框框，我认为，只要我是对的，并且展现出应有的礼貌和尊重，法官也不会拒绝我为自己辩护的请求。我三次在法庭上试验了我的雄辩术，审判结果也和我预期的一样。

那么，这些年我的公司发生了哪些变化呢？首先是解决了资金问题！刚开始我缺乏资金，做事情只能亲自上阵，甚至有些事情心有余而“钱”不足。但现在不一样了，我再也不用担心钱的问题。比如我可以聘请律师做公司的法务，我可以自由选择哪些事情自己做，哪些事情可以交给别人做。从我在家里创办公司开始，一直到我经商生涯结束，这种决策自由带给我无尽的优势。如果我看上了一个项目或者遇到一个很好的机遇，钱不是问题，如果它能给我带来发展，我就可以去做。我再也不会因为资金问题而无奈放弃一些有价值的投资。在这里我需要说明的是，投资需谨慎，让钱打了水漂或者在一个没有价值的事情上投入天价也是极其不明智的决策。除此之外，我还能让投资方参与公司的管理，让我可以集中精力做我擅长的事情，比如扩展我的 IT 公司。公司收益提高，又能支持我继续开发新的项目，由此形成了一个良性循环。

提升自身独立能力。

这就是为什么，我把销售能力看作是职业和人生得以成功的最重要品质。能把产品卖出去的人，才能赚到钱去买东西。销售是一家公司赚钱的核心，公司有收益才能保证资金良性循环。好的销售能为公司带来盈余，这样公司才有钱投资其他项目。其实，销售可以直接或者间接地解决很多问题。如果我们有足够的资金，许多困难就会迎刃而解。更重要的是，拥有足够资金的公司不会担心偶尔失去一个订单，这样的公司反倒更加吸引客户，更能赢得客户的信任。

学会销售，可以直接或者间接地解决很多问题。

实践经验

如果可以，尽可能预留一些储备金以备不时之需，不然，如果突然面临新冠疫情这样长时间的危机，你的公司将很难渡过难关。从长远看，资金就是一家公司的压舱石，可以保证公司在任何时候都能平稳运转。

生存策略 3

智者会从别人的错误中吸取教训

人的一生通过两种方式来获得经验：一是自身的经历；二是他人的错误。前者往往更加耗费时间，而且时常伴有痛苦的记忆，有时也会损失金钱，而从他人的错误中获得经验相比之下就简单得多。所谓他山之石可以攻玉，普通人靠自己犯错来学习，而聪明人从别人的错误中学习。并且，想要成为出色的企业家，要切忌重复犯同样的错误。错误在所难免，每个人都有第一次，第一次做一件事或者第一次完善方案。任何一个企业家一生中都会有几件让他后悔的事情，兴许是一个决策错误，或者是一项举措欠妥。犯错是成长的必经之路，但是，你要时刻警惕，不要让自己在同一个地方跌倒两次。为此你要养成反思的好习惯，想清楚自己犯错的原因和下次遇到同一个问题时该如何处理，否则你就会错过一次成长的好时机。在某种意义上来说，错误甚至是成长的催化剂。有些决策或许并不高明，它的价值在于，其他面临同样问题的人可以从中吸取教训，获得经验。正因为

> 无论如何都不要放弃尝试，失败了没什么，只要比上一次好就行。
> ——塞缪尔 · 贝克特（Samuel Beckett）

如此，现在发展出一个叫“搞砸之夜”的全球论坛，这是一个网络平台，旨在为人们提供分享失败经验的机会，如今已经吸引了全世界 90 个国家 321 个城市的人参与其中，大到政治、金融、商业领域，小到日常生活。如果你感兴趣，可以去浏览一下网页，看看别人的失败经历，你就会发现自己遇到的问题简直不值一提。当然，你也可以先看看我曾经的失败和错误，或许能在你解决问题时带来一些启发。

经验 1：如果情况允许，尽早招聘员工很有必要

公司刚成立时规模很小，我的资金也比较紧张，再加上我还在上学，跟父母住在一起，他们总是劝我不要冒险，所以我认为自己没有必要雇用员工。现在回想起来，我总是十分后悔，我当时应该尽早招聘员工。因为没有员工，我需要跟合作伙伴一起经营，他负责经营，占股 70%，我负责联系客户，占股 30%。虽然通过这种方式我赚了很多钱，可以支持我在私立大学读书，后来还去美国深造，但是这样的合作方式存在一些弊端：

- 难以合理分配资源，一旦出现问题，合作伙伴总是倾向于优先考虑“自己”的客户。
- 忽略培训员工的重要性。公司从创立之初就应该开始培养出自己的团队，让这些员工对公司的情况了如指掌。如果你只有遇到人手不够的情况时才临时招聘一批员工，这些员工对公司不够了解，短时间无法高效工作，而你那时几乎没有时间去培训他们。
- 如果你想停止合作，那么你有可能会损失一部分资源（技术或者客户）。比如，你的合作伙伴一直在帮你维护客户，如果合作停止，你可能会失去这些客户。

- 如果与合作伙伴交往过密，你的报价等一些核心商业机密可能会被泄露给竞争对手。
- 如果维护客户的负责人总是变来变去，会失去客户的忠诚度。
- 没有员工的公司容易被客户轻视，认为你只是一家小公司，这样很难得到客户的信赖。
- 公司往往会忽略培养公司的初始员工，然而，培训初始员工不仅成本低，并且极具“可塑性”。此外，让一个有经验的人换一家公司、换一种工作方式工作，他会非常抗拒，相比之下，让一个没有经验的人从零开始习惯一家公司的工作方式就容易多了。

> 从自身经历和别人踩过的坑中吸取经验，后者成长速度更快。

回顾过去几十年的经历，我最大的问题就是人力资源管理。如何挑选优秀的员工？如何培养称职的人事经理？这两个问题是创业公司需要面对的最大的挑战。接下来两条经验我就来讲讲如何做好人力资源管理。

经验 2：最好不要雇用低薪员工

低薪员工的工作能力非常有限。如果你招聘他们只是为了解决一些基本的工作，那还说得过去，但是如果指望他们承担更大的责任，几乎是天方夜谭。这些员工遇到问题时会下意识地否定自己，认为自己不可能比别人做得更好。即便事实不是这样，但由于他们缺乏自信、创造力和反思力，因而无法从生活中主动发现机遇，为公司创造价值。那么，你可能会发问：公司创业初期有能力招聘一流员工吗？其实，一流员工需要的花费往往并不多，而他们却能为公司创造出更大的价值，在他们身上投资绝对是一笔划算的买卖。退一步说，即便这些人要求的薪酬很高，也可以证明这些人对自己的能力有绝对的自信。因此，只有雇用一流员工才能切切实实为公司带来收益。

经验3：你要清楚，员工不会把公司视为他们的全部

大家普遍认为，员工不会像老板一样对公司付出自己的全部心血。在公司创立伊始，或许你们只有两三个人，每个人都有主人翁的意识，你们一起工作，建立起像家庭成员一样的情感。每个人都愿意为公司加班熬夜，即使是周末也在所不辞。这很正常。没有人会抱怨自己的加班时间太多，因为他们把公司看作自己的家，有谁会不愿意为自己的家庭和家人付出呢？那时的公司没有等级制度，员工之间是平等的，每个人都竭尽全力为公司的发展贡献自己的智慧和力量。但是，一旦公司开始壮大，创始人逐渐从日常琐碎的业务中抽身，与员工产生距离，员工之前的主人翁精神就会渐渐退散。作为一名创业者，你必须了解这个事实，并为之做好准备。否则，每当你招聘一批新人进入公司的时候，你以为自己再一次为公司注入了新鲜的血液，而你的员工只把这些新人当作减少加班时间的希望。招聘新人的初衷是为了发现新的可能，结果却变成了分担工作的普通劳动力，那么，你怎么能感受到招聘新员工给公司带来的新变化呢？

> **老板就是老板，员工就是员工，不要指望员工会按照老板的方式行事。**

经验4：每个员工都是独一无二的

关于员工，还有什么是你需要考虑的呢？不要忽略每个员工都是

独特的。正如没有两片完全相同的树叶，一千个人中也很难找到在思想和行动上完全协调的两个人。即便是和你在同一家公司做同一份工作、接触同样客户群体的人，其工作方式和思维习惯都大有不同。例如，一份工作流程演示，无论你讲多少遍，员工仍旧会按照他们习惯的方式来进行。对此，你无法改变。正如神经生物学家格哈德·罗斯（Gerhard Roth）所说：人的个性最迟在成年早期就会发育成熟，除此之外，个性在很大程度上还受遗传基因和童年时期的强烈影响。就像犀牛当不了猫一样，你怎么能有办法让一个性格内向的会计变成侃侃而谈的销售人才呢？因此，最理想的解决办法是，安排工作时合理利用员工的个性。正所谓物尽其力，人尽其才。这样才能给员工创造更加满意的工作氛围，同时也能为公司带来意想不到的价值。如果你对这个领域非常感兴趣，可以阅读一些关于如何提升领导力的书籍。除此之外，你也可以借助人格类型测试工具，比如 DISG、MBTI、16 型人格测试（16 PF-R）和 BIP 职业人格测试。我个人喜欢测试员工的洞察力，这个心理测试工具很方便，适合日常使用。不管使用哪一种测试工具，一个使用原则都是：在了解他人之前，先了解自己。因此，如果要对公司的员工做测试，老板也要做，并且和员工一起查看结果，共同分析导致差异的原因，这样你就会更加了解你的员工，提升自己的领导力。关于这部分内容你可以仔细阅读生存策略 42。

实践经验

许多企业家都会犯一个错误：把公司的财务全权交给财务顾问，自己对此缺乏全面的了解。我在美国的老师告诉我这是行不通的，企业家应该对公司的财务状况了如指掌。

- 企业家要确保自己随时都清楚公司的财务状况，包括月收入、合同担保金、定期或不定期的开销等。

- 不要把钱花在不必要的奢侈品上，比如开一辆昂贵的奥迪或者奔驰，只为吸引那些对你无关紧要的人，这样做是不明智的。每当看到一位年轻的创始人开着一辆豪车四处张扬的时候，我都无言以对。那真是很愚蠢。
- 我时常看到一些企业，即便经营了很多年，依然没有重视预留储备金。最好不要这样！尤其是在经历了这两年新冠疫情带来的经济萧条期之后，你会很容易明白，储备金对一家公司顺利度过艰难时刻有多么重大的意义。因此，你要确保你的公司是盈利的，并且开销小于盈利，这样你就可以为公司积累一笔储备金，支持公司在特殊情况下仍能顺利运转。

生存策略 4

企业的定位要与时俱进

几乎所有的企业经济学类书籍都会涉及企业定位的相关话题，你也肯定听说过，细分定位对于中小企业来说更加有利。因为在成熟市场中，企业需要面对诸多竞争对手，这会增大企业的生存难度。但是，道理归道理，又该如何执行呢？到目前为止，市场上还没有帮助合理定位企业的方法论，不然的话，那些市场营销专家就该疯狂地创立公司，赚得盆满钵满，而不是躺在摇椅上等退休了。我在自己创办的公司中辛勤耕耘了 20 年，我的经验告诉我，给公司定位绝对无法一蹴而就，有些方法不一定永远管用。因此，要想不付出过多代价就获得成功，你一定要多向那些有着丰富成功经验的前辈学习，而不是自己慢慢摸索。但是也要结合自己的实际情况，不要盲目套用。

大众化市场需求的产品更加“接地气”，客户非常关注大众化产品的价格。如果你不想跟竞争对手打价格战，或者你看不到产品巨大的销售市场，那么你最好还是让企业面向细分市场。除此之外，我认为更加关键的是，企业家应该知道如何清楚把握企业的定位。但是我相信，到目前为止，你还没有找到合适的方法，因为影响企业定位的因素实在太多，不同企业又情况不同，很难研究出来一个放之四海而皆准的策略。在这里，我想跟你分享一种思维方式，借助这种方式，你可以成功实现企业定位，并且不断对其适时调整。通过下面这个故事你将知道如何运用这种思维方式。

虽然进军成熟市场更加保险，但这意味着你提供的产品非常“大众”。而哪个雄心勃勃的人（客户、企业家……）想要的是平均水平？

假如你在巴伐利亚的哈默尔堡军事训练区参加演习，你负责领导一个小分队进入预定地区，守卫这片地区，并排除该地区潜藏的危险。那么你如何快速了解这片陌生区域呢？最好的办法就是亲自进行实地侦察。你在这片区域四处查看，利用树枝或者灌木丛来掩护自己，这样你就可以很快搞清楚这片区域内哪里有开阔的视野、哪里存在潜在危险以及哪里的地形适合设置暗哨。考虑到你只有一个班的士兵，你需要决定如何确定每名士兵的职责。之后你得不断扩大自己的保护区并派出侦察兵侦察周围地形并追踪敌人的行动路线。

“市场”地形复杂，潜藏各种风险。

在分配任务时，你可能需要借鉴其他地形的保卫办法，尽管如此，每个地形（市场）都各有特点，风险（竞争）也各不相同，有时针对一些特殊问题，可能根本没有过往经验可以参照，而且你也不可能总在第一时间得到最新消息，这个时候就需要你根据战略目标（商业目标）创造性地采取不同措施。

例如，如果你想展现自己的实力，吸引友军，同时击退敌军，你首先需要想办法让对方知道你（做营销）。但是你如果只想预先悄悄侦察地形（分析市场），那么你就得靠合适的掩体来保护自己不被敌人发现，方便你做好充分准备（准备进入市场）。在地形侦察过程中，你会发现其中有利作战的地区（市场机会），也会发现一些潜在危险（市场风险）。这时你就要权衡，队伍规模太小无法占领整个区域的时候，你该做何种选择？继续想办法掌控整个区域还是只占领一小片区域？后者显然更容易，因为那样你的力量会比较集中，同时也不会显得目标太引人注目。而要想占领整个区域，你就得迅速扩大自己的影响力（扩大公司规模），这就势必需要拥有更多精良的士兵（优秀的员工）。

如果你想占领市场，你必须迅速发展壮大。

做这个选择的关键在于，你是想在原有的领地上增加兵力，还是想在新的领地增加新的岗位（新的职位）以便更好地管理新领域（新市场）？这涉及企业家的领导能力和各个市场之间的协调能力。如果新市场的规模很大，就需要制定标准化的工作流程，确保各领域之间完美协调且新员工可以快速进入工作状态。如何顺利做到这些呢？一方面你可以运用特许经营的方式，授权他人经营这些新业务，或者你也可以通过制定成熟的工作管理手册对员工的工作和公司运营进行高质量的管理。这两种方式都可以确保在公司规模扩大的同时依然能保障服务和产品质量。

因此，公司定位需要不断调整，要想让自己的定位永远与时俱进，就需要企业家时刻保持警惕，对市场变化非常敏感。企业家甚至可以将市场变化的实时情况挂在自己办公室的墙上，提醒自己时刻关注市场，不断观察市场，发现发展契机，及时调整公司发展方向和战略目标。这件事需要持续进行，因为市场上的产品和服务数不胜数，市场需求千变万化，任何一点改变都有可能影响自己公司的发展，有些变化对公司来说可能是千年难遇的发展机遇，而有些变化也可能是致命的打击。这就是为什么企业家要及时调整公司定位，不断思考公司的发展方向，而不是一旦确定了一个定位后就不再改变，只试图扩大规模。把新变化看作威胁是很危险的。谈及此，我总能想到作为德国老牌相机品牌的 AGFA（爱克发），由于缺乏变通和与时俱进的思想，它的命运和 Kodak（柯达）一样，被遗忘在历史的洪流中。比起资金，企业家面对变化的态度更能决定一家公司的存亡。

定位不是一次性的任务，而是一个永久过程，“像水一样”。

除了要考虑选择大众市场还是细分市场，发展专家型企业还是通才型企业之外，企业定位还需要考虑其他诸多因素，如企业发展的可能性或市场环境，还有企业家自己的人生目标。如果你的经历和我相似，年纪轻轻就创办了一家公司，你可能需要考虑：面对有特殊需求的大客户，你如何用你的技术来展现出公司的专业化，来说服他与你合作？这很困难，因为此时公司还没有足够的流动资金来支持公司成为专家型企业。

我建议你在刚开始时勇于尝试各种可能，努力积攒资金，积累经验。你要尽可能去面对面接触客户，在这个过程中不断磨炼自己的销售能力，摸索说服他人的技巧，寻求让客户欣然接受报价的有效方法，并形成一套自己喜欢的工作方法。获取市场需求信息的有效方式是亲入市场进行调研，而不是道听途说。如果可能，公司可以尽可能地拓宽领域来挣钱，但是公司的重心一定要放在一个领域内，做大做强，通过在一个领域中深耕细作，形成专业化的团队，做出专业化的产品和服务，拥有广泛的客户资源并对市场有清晰的了解，你就会逐渐为公司形成一个属于自己的细分市场。

给公司定位不是一定要得出一个清晰的概念，这个概念并不重要，重要的是，你的客户对你的产品和服务是否满意。如果是，那么你就需要继续沿着这个方向前进。你不妨了解一下 Bionade（德国最红的有机饮料品牌）、Dr. Martens（德国著名工鞋品牌）和 Post-it-Haftzettel（德国便利贴品牌）这几个品牌的成功史，就会发现，任何一个成功的品牌都不是凭空想象出来的，而是在市场中实践出来的。大公司拥有雄厚的资金实力，可以斥巨资进行大型市场调研，即便失败也不影响公司正常经营。而中小企业既没有雄厚的资金支持，也没有承担巨额投资失败的能力，那么保持灵活，尝试从各种实践中获得经验就是必要的生存之道。

企业家要清楚自己到底想从公司中获得什么。对我来说，一方面公司是一个实验室，用来检验我的某些想法是否可行，并从中获取经验；另一方面公司是我的经济来源，以便我可以更好地实现个人发展。因此，我不打算雇用大量的员工来扩大公司，现有的规模足够实现我的目标。公司就是我的避风港，当我的职业发展遇到瓶颈，我需要时间来思考时，我不用担心资金的问题，可以专心沉淀自己，以备重新出发。而我认识的一些企业家和我不同，他们的目标就是壮大公司，因此他们会雇用大量的员工，在各个城市建立分公司，不断提高公司的影响力。他们从一开始就规划如何扩大自己的企业规模，所有赚来的钱都拿去投资，以实现资本的快速膨胀，在这个过程中，他们也必然需要牺牲掉自己的个人生活。不管你是把公司当成实现个人发展的手段，还是将公司视作你毕生的事业，这都是你人生的选择，没有对错，只要你愿意，就可以去做。但是你要清楚，人的想法通常都会随时间而改变，如果某一刻你想要过一种新的生活，做一个全新的选择，那就正视自己的内心，勇敢做出改变！

不要总是想着万事俱备后再开始。先行动起来，在过程中不断完善！

实践经验

通常来说，公司从事哪一领域的业务或者定位为哪一类型企业（通才型企业还是专家型企业）并不是最重要的，重要的是，你要让公司实现高度专业化。宣传产品和服务只是第一步，接下来更重要的是，如何让产品和服务实现承诺给客户的质量和预期效果。从专业技术、公司形象到公司官网、办公环境，再到公司信誉等，你要确保每一步都做到极致。记住，“专业”不仅仅是一个头衔，更是良好的客户体验！

生存策略 5

要快速提供满足客户个性化的产品

在我写下这篇文章时，新冠疫情全球大流行正在肆虐。按道理说，人们最关注的应该是世界卫生组织或者国家卫生机构的网站上发布的信息，然而事实不是这样的，人们最关注的反倒是一名 17 岁的西雅图学生开发的疫情追踪网站。他叫艾维·希夫曼（Avi Schiffman），从 2019 年 12 月开始开发这个网站，该网站的数据都是从包括世卫组织和各国疾控中心在内的政府网站和卫生部门提取出来的，每 10 分钟自动更新一次，并显示在一个清晰直观的网页上。自成立以来，网站总访问量已突破 7 亿人次，成为全球访问量最大的新冠疫情追踪网站之一。一个高中生完成了经过几十年发展的大型计算机都无法完成的事情，在这个数字化和知识型时代简直难以想象。新冠病毒四处蔓延，人们迫

> 在数字化时代的今天，信息垄断再也不是竞争优势。

切想要知道最新情况，但是来自各大卫生网站铺天盖地的消息让人难以厘清头绪，艾维给了一个最好的解决方案，没人在乎他是不是专家或者是否有相应资质。因此，生产出满足客户需求的产品比积累相关经验更重要。

现在许多商业领域都更看重客户满意度。产品的报价基于客户的满意度，而不是你有多少相关经验，即便是大企业也不得不向一些看上去普普通通的初创企业的创始人寻求建议，因为虽然他们没有经验，但是他们更懂客户需求。例如，如果一家健康保险公司想要吸引年轻客户，或者一家保险公司想要开拓网购火车票的保险业务，以往 30 年来积累的保险销售经验在面对这些新群体时早已不再适用。想要开发这些新业务的关键在于，你是否知道如何提供针对客户个性化需求的网络产品。我举这个例子，是想告诉你，当市场环境变化的速度超过公司产品更新、营销策略改变和销售方式转变的速度时，公司很可能会面临落伍的风险。如果企业家这时还是无所作为，犹豫不决，仍旧试图用早已过时的方案去解决问题，那么公司终将难以逃脱被市场淘汰的命运。其实这些变化并不是 21 世纪独有的特征，早在工业时代，这种现象就已经出现，机器织布、蒸汽机以及流水线生产的发明不都是市场催生技术革新的一个个例证吗？因此，企业家一定要保持清醒，时刻关注客户需求。

> 如果你推出的第一代产品很完美，那可能这个产品已经过时了。
> ——里德·霍夫曼（Reid Hoffman，领英创始人）

这也符合生物学规律，当细胞停止生长，死亡就会来临。所以一家企业想要生存下去，除了不断成长之外，别无选择。企业家也是如此，要放弃循规守旧，努力发展自己，积极迎接未来。虽然这不是一件容易的事，但是你一定要让企业与时俱进，不断紧跟市场需求的脚步。今天的世界身处一个信息大爆炸的时代，信息再也无法被垄断，如果你想知道什么，不需要去图书馆，仅仅在互联网上轻松一搜就可以找到。17 岁的艾维·希夫曼不就是通过 YouTube 上的视频学会了编程吗？知识垄断被打破，意味着企业再也无法凭借其专业知识占领或者垄断销售市场。那么，在这种新形势下，企业又该如何继续生存和发展呢？将现有信息重新整合和规划，创造出新的解决方案，满足新的需求。对此，著名的企业战略顾问沃尔夫冈·梅维斯（Wolfgang Mewes）提出了一种新理念：瓶颈策略（EKS）。简言之，便是集中资源，为一群目标明确的客户解决最棘手的问题。梅维斯指出，企业家要想办法突破企业发展的瓶颈，实现新跨越，即生产出可以满足目标客户迫切需求的产品和服务。不仅在数字化领域是如此，在其他领域也是如此。比如在电动汽车领域，如果一家公司能够开发出质量更轻、容量更大的电池，就会显著提高电动汽车的续航能力，这就会成为公司超越其他同类公司并迅速占领市场的撒手锏。

如果你的专业化产品可以完美匹配客户的个性化需求，你的公司就会成为客户的核心供应商，再也不用通过价格来争夺客户。这就是企业定位细分市场的优势（参见生存策略 4）。为了使公司在当今充满活力的经济市场中获得长足的发展，企业家最好拥有实验员的心态，即坚持不懈地寻找更好的解决方案，让你的公司能够适应客户不断变化的需求。企业家要不断尝试预测新需求，并勇敢尝试新的解决方案，即便未能收到预期的市场反馈，也不要放弃。毕竟，从发明电灯到成功研制出疫苗，哪一项创新不是经历了一次又一次的失败，才得以颠覆人类的生活。爱迪生尝试了 9 000 多次才成功发明出灯丝！因此，如果

不存在失败。要么成功，要么从错误中学习，就这么简单。

你的员工在经历了 1 000 次失败后告诉你这件事失败了，你要像爱迪生一样回答他："我们没有失败。但是现在我们知道了 1 000 种做不成这件事的办法。"

企业家应该尽早将自己不成熟的想法投放市场，这样才能尽早得到市场反馈来完善自己的方案。只有你尽快明白哪些方案行不通，才能以最快的速度转换思路，重新思考其他可能性。不要试图"想"出一个完美的方案，因为完美的方案是"试"出来的。因此，只要你有想法，就马上开始尝试，将不完美的产品大胆地展示给客户，不要仅仅依靠现有的知识或经验推断市场。除此之外，你也可以看看市场上的现有产品，或许可以从中获得灵感。开发全新的 iPad 当然要比复制三星困难得多，即便是已经成功创立数家公司，被誉为德国创业圈"山寨王"的桑威尔兄弟（Samwer-Brüder，Rocket Internet 创始人），他们可以成功复制国外成功的商业模式（参见德国时尚电子商务互联网公司 Zalando，美国团购网站 Groupon，德国零售家具电商 Home 24），但是让他们发明新东西出来，恐怕是不可能的。即便如此，企业家仍然要持之以恒地创新，这样才能让公司长期发展下去。

实践经验

过去创业拼经验，如今创业拼速度。企业家要摆脱过时思想的禁锢，善于从别人的经验中获得灵感，这不仅可以节省时间，还能节省许多资金，大大降低失败的风险。同时，一个被别人验证成功的经验更有利于获得客户信任，使商业洽谈变得更容易。毕竟在当今这个时代，客户只在乎你的产品，并不在乎你有多少经验或者惊艳的想法。

| 生存策略 6 |

不要把事业当成爱好

前面我说过，我喜欢演讲。在德国，当演讲结束时，观众通常都会回报给演讲者热烈的掌声。几年前，我跟一位来自美国的演说家交流演讲心得，我说我非常享受可以站在舞台上鼓励别人的感觉，观众给我的掌声让我非常开心。但是这位著名的演说家却告诉我，他更希望没有人给他鼓掌。对此我感到非常困惑。他解释说，鼓掌只是观众对演说者表达感谢的方式，换句话说，就是观众并没有真正被你的演讲内容打动，因此也不会购买产品。如果他们选择鼓掌，就意味着他们没有打算将感谢转化为购买产品的行为，如果他们没有鼓掌，他们才极大可能是被你的内容深深吸引，打算去购买产品。

我非常赞同这位著名演说家的观点。尽管如此，我仍旧享受掌声给予我的快乐。但可惜的是，观众的掌声并不意味着他们愿意购买产品。因此，如果一个企业家想要把自己的事业当作爱好来做，在你全身心投入，付出一切，收获了无数掌声的同时，你一定要慎重思考，你是否只想要掌声，不在乎收益？如果不是，这么做可能就不是一个明智之举。明确这一点非常重要，因为企业家收获的赞赏和掌声往往使其沉醉其中，忘记自己创办企业的初衷是创造利润。

爱好不能变现。

如果你想让自己的企业不断发展，就得不断创造利润，扩大规模。彼得·德鲁克[①]曾说，企业家的职责只有一个：把资源从低生产力领域转移到高生产力领域。道理很

① 彼得·德鲁克（Peter Drucker），现代管理学之父，其著作影响了数代追求创新以及最佳管理实践的学者和企业家。

简单，却触及问题的本质：企业家不能仅仅只是热爱自己的事业，还得有能力让这种热情带来收益。

CB Insights（风险投资数据公司，会定期发布经济发展趋势研究以及独角兽公司的名单）在 2019 年对 101 位创业失败的企业家做了一项调查，了解创业失败的原因。调查结果显示，导致创业失败的首要原因是“没有市场需求”（42%），其次是“没有资金”（29%）、“没有专业的团队”（23%）。而“缺乏热情”只占 9%，在 20 个失败原因中排名 14。专家分析，之所以“没有市场需求”，是因为创业者在创业时，只考虑到自己的爱好和感兴趣的领域，并没有考虑客户是否真的需要该产品或服务。

> 你是企业家，不是传教士，你无法强迫客户为你的爱好买单。

你的爱好如果没有市场需求，除非你有其他收入渠道，否则绝对不具有可实施性，许多企业破产正是因为没有看清楚这一点。我也有爱好，痴迷历史，喜欢看纪录片，热爱交流历史话题。尽管如此，我可不会拿它来创业，因为我很清楚，历史不能用来赚钱。要想赚钱，我得做点别的什么。只有解决了基本的生存问题或者说经济问题，我才能有追求爱好的自由。因此，你也一样，如果想要赚钱，除非你的爱好有市场，否则不要固执地让它成为你的事业。当然，我不是让你彻底抛弃爱好，而是希望你分清主次，想清楚什么对于当下来说才是最重要的。你也不要拘泥于自己的既定生活方式，固执地认为只有做自己感兴趣的事情才能让生活充实快乐。如果你真这么认为，你想在自己爱好的领域里成为专家，成为权威，成为最成功的人，如成为历史学家或者历史界的泰斗，也可以。但是如果你不想为了实现梦想放弃物质生活，放弃财富，那么你最好像我一样，选择做一个企业家而不是梦想家。

实践经验

在创业时，不要相信那些为你鼓掌的人，而要相信那些有丰富经商经验且敢于质疑你的人。直到成功之前，你都要不停地用客观的眼光审视自己的创业计划。如果条件允许，在实施计划之前，先在小范围的市场上进行测试。

生存策略 7

培养“加盟商”思维

2019 年，麦当劳在全球 Burger & Co. 快餐店的销售额首次突破 1 000 亿美元，超过大多数非洲国家的国内生产总值。麦当劳品牌是由雷·克拉克 (Ray Kroc) 做大的，他最初是一个五臂搅拌机的销售商。1940 年 5 月 15 日，麦当劳两兄弟（迪克和麦克）在加利福尼亚州圣伯纳迪诺市开设了第一家麦当劳汽车餐厅。1961 年，两兄弟将公司和品牌出售给雷·克拉克后，由于发生一些专利纠纷，克拉克还在两兄弟的 Big M 餐厅附近开了一家新的麦当劳餐厅，逼迫原餐厅关门歇业，从此，克拉克成为麦当劳品牌真正意义上的创始人。

麦当劳兄弟为何破产……

麦当劳的品牌历史说明成功是可以规划的。显然，克拉克深谙此理，而麦当劳两兄弟却不懂这个道理。在最初的八年，两兄弟对他们唯一的餐厅很满意，甚至感觉日复一日重复做一件事有点无聊。迪克说：“我们仿佛什么都不需要做就能拿到钱。”两兄弟买了豪华的别墅，开始享受生活。后来，由于竞争日益激烈，他们又将汽车餐厅的经营模式发展为快餐模式，这就是我们今天所熟悉的美式快餐业的源头。他们获得了餐厅经营的许可证，但是由于缺少对事业的规划和“实验性”的开拓精神，他们的餐厅规模很小，而且他们也没有有意识地去发展自己的经营理念。而作为合作伙伴的雷·克拉克敏锐地察觉到这一点，他向麦当劳两兄弟购买特许经营权，在 1954 年至 1960 年间开设了 200 多家分店。在这个过程中，他有计划地完善品牌的特许经营管理系统，向加盟商收取店铺租金和经营费用，并要求所有的加盟商严格遵守同一套品牌标准。1961 年，克拉克花费 270 万美元从麦当劳兄弟手中一次性买断麦当劳餐厅的所有权，将品牌的经营理念与市场接轨，将服务标准精细化——从规定薯条的长度到在店铺前设立儿童乐园等，逐步实现麦当劳品牌的成功。

雷·克拉克不是快餐品牌的发明者，但他是一位高明的观察者和卓越的执行者。世界上有很多聪明的发明者，而让发明成就伟大的，却是另一群卓越的践行者。例如，1977 年德裔巴西发明家安德烈亚斯·帕维尔（Andreas Pavel）抢先索尼公司注册随身听专利，再如苹果公司早一步使用施乐公司的图形界面技术，无不证明这一事实。归根结底，市场要的不是创造力，是问题解决能力、营销力和执行力。这样我们就会发现，对企业家来说，把成为某一品牌的特许经营商作为自己的开始，不失为一种降低失败风险的行之有效的策略。这种策略的优势在于，企业家在创办公司之初或者得到第一批客户订单时，就可以参考现有的成功经营理念。一些更为成熟的经营经验甚至可以详细地教你如何为公司选址，并对你的公司进行有效评估，给出系统化意见。这些都是行业初创者无法获得的。成熟的特许经营除了为你选址，还会为你培训员工、制定营销策略和定价等。这样就可以将企业家创业的不确定性降至最低，但与此同时，企业家要为此支付费用并损失一部分的经营自由。

> **我们总是羞于“窃取”别人的创意。**
>
> **——史蒂夫·乔布斯**

如果你不想成为某一品牌的特许经营商，采用特许经营理念创办自己的公司同样可以使你逐步实现成功。这种理念会让你经营企业时考虑如何“复制”和“增值”，即便你的初衷并不是将自己的品牌经营权交给加盟商，你仍旧可以利用这种思维模式让自己的公司更加结构化，并大范围扩展公司的业务。具体来说：

- 企业家如果想要加盟，由于需要购买品牌方的一整套系统（如咨询服务、营销方案、员工培训等），初期需要足够的资金支持。创办企业也一样，资金必不可少。
- 一个成功的加盟商（企业家）要有能力收集各种数据，并分析数据（如店铺选址数据、目标群体数据、竞争对手数据等）。
- 加盟商会严格按照品牌的操作标准来执行，因此，企业家也要自己设定有效的标准来确保产品质量和节省成本。
- 品牌方会给加盟商标准化的执行手册。企业家也一样，你需要将标准和流程以手册的形式固定下来，这是一种有效的质量管理——只有你对自己的产品有清晰的认知，你才能进一步优化产品。此外，你要建立服务目录，上面列出公司提供的产品或服务及其成本（服务尤其要列出），将公司资源合理整合，实现集中管理。
- 有了标准和执行手册，你才能有目的地招聘员工、培训员工，这会为你节省很多时间并减少犯错的概率。
- 加盟商除了每月支付给品牌方加盟费，自己要留出部分储备金。你也要确保自己有足够的流动资金，同时逐步建立储备金机制。
- 加盟商每月都会跟踪自己店铺的流水和各种账目。企业家也应当这样做，对公司的营业额、经营成本、利润等持续跟踪，不要把这些事情全权交给会计或者税务顾问。只有对这些了如指掌，你才能对公司的现状和发展方向做出精准判断。

实践经验

我建议你每周至少留出半天时间回顾公司的业务，总结成功因素的同时，要找到潜在的问题，并考虑是否需要做出某种转变。把这些整理在工作日志中，时时帮助自己梳理思路。这是一周内最重要的事情！

生存策略 8

专注于创造收入的工作

在我几十年的经商生涯中，有两个人对我影响深远，一个是博多·舍费尔[①]，另一个是博恩·崔西[②]。他们应该算是我商业成功学的启蒙导师，在我 20 多岁时，我偶然间读到他们的书，书中的一些观点对我启发颇深。博恩·崔西告诉我，不是所有的事都能成功。我们需要不断认识自己、提高自己、发展自己，但是这并不代表我们想做的或者必须做的事情一定能成功。那么什么事情是不该做的？我们怎样才能知道这件事情该不该做？我赞同博多·舍费尔的成功法则——专注于那些创造收入的工作（简称 EPA），并形成了我坚持至今的生活方式。如果我不能同时做所有需要做的事情，那么我判断优先做哪件事的标准就是，这件事能否创造收益。我选择优先做可以创造收益的事情，剩下的事情我会交给更适合的人去做。

---

① 博多·舍费尔（Bodo Schäfer），德国投资人、企业家、演说家以及畅销书作家，“金钱教练”，被誉为“欧洲巴菲特”。

② 博恩·崔西（Brian Tracy），美国首屈一指的个人成长专家，在成功学、潜能开发、销售策略及个人能力发挥等各方面拥有独树一帜的见解。

我有一辆双轴拖车，空间很大，用来把公司的废旧用品（如旧箱子、旧电脑等）运到废品回收站。有时也会有人找我借拖车。有一次，我的邻居想要在花园建点什么，需要去建材市场拉些材料。我把我的拖车借给他。大约两周后他又来找我借拖车，我以为他又想建什么东西，他说他想把多余的材料——一根很长的板条，运回去退掉。我出于好奇询问板材的价格，他告诉我："12 欧元。"

即使事情必须做，也要问一句：值得吗？

对此我很疑惑，为什么他对自己的时间如此无所谓，可以为了 12 欧元浪费一个小时的时间。除去燃油成本和材料损耗，他甚至只能得到 10 欧元。在这个急缺技术人才的社会，这一个小时随便干点什么挣得都比 10 欧元多。不仅仅是企业家，企业职工也应如此思考。如果你在工作中发现问题，认真思考一个小时，提出一个好的解决方案，会让你的工资甚至职业生涯收获颇丰。因此，每一个企业家都应该认真考虑，自己的时间到底值多少钱？

你的时间值多少钱？

这里有一个简单的计算方法，可以帮助你知道自己的时间到底值多少钱：

1. 你认为自己得到多少收入是合理的（如以年为单位）？

____

2. 除去休假、节假日和周末，再预留 5~10 天病假或者机动假期，你每年工作多少天？

____

3. 用你的预计收入除以工作天数，得出你每天需要赚多少钱才能完成目标：

____

4. 将你每天需要赚的钱除以 8，就是你每个小时需要赚的钱：

____

你可以用这个计算方式来衡量你每天要处理的事情。如果这件事情可以帮助你实现预期收入，就去做，如果不能，就考虑做那些能让你获得预期收入的事情。

许多人不认同这种观点，因为这与他们一贯的认知是不一样的。实际上，不管是自己动手做饭还是打扫屋子、修理面包机，我们一贯坚持的“自己动手，丰衣足食”是最廉价的劳动。我从不做这样的事，我的 7 台烧烤炉都是成套买回来的，我没有自己组装过一台；我也不会为了省 1 欧元的送水费亲自帮我妈妈取矿泉水；我宁愿花点钱找家政服务，每次工人来家里，我的小儿子都非常开心，我把他们视作我儿子的“玩伴”。

> “聪明”地工作，而不要“用力”地工作！

下面我列举了三个别人不赞同我的理由，虽然我时常听到别人这样说，但是我并不同意：

■ 理由 1：“你得先付得起这个钱”

恰恰相反，我之所以有钱，是因为我把那些无法回报给我等值收入的事情交给了别人。我时常思考：这件事给别人做是否能完成 80%？如果是，我就会放弃，改去做一件只有我才能完成的事。理由很简单，竞争越少，价值越高。

■ **理由 2：“让自己像机器一样满负荷转起来才能得到想要的回报”**

绝对不是这样！一个聪明的企业家或者员工通常会做稍具挑战性的事情，来提高自己的职业技能，展现自己的价值。一个企业家要是被公司日常烦琐的事务缠身，动弹不得，那么他哪里还有机会探索成功的可能？（参见生存策略 32）

■ **理由 3：“做这些也不光是为了钱”**

如果是为了工作，这些琐事不值得浪费时间和精力，正如我前面说的那样。但是如果你打扫房子或者修理割草机是为了工作之余休息一下，那么你尽管可以这样做。如果你想向妈妈尽孝，让她开心，你也可以去帮她搬水。对我而言，我宁愿把时间花在陪伴家人上。如果你明明知道自己做一些事情不划算，还想去做，那么你或许可以问问自己，你这样是为了让自己开心还是为了逃避真正重要的事？

> **实践经验：**
>
> 如果你对这部分的技巧心存质疑，我建议你尝试一下提姆·费里斯[①]在其畅销书中提到的方法：用 72 小时做一件你凭直觉认为正确的事情。在做的过程中，认真体会自己的感受，看看做这件事能否真的让你快乐，如果不是，深刻体会到自己真实的感受，想想自己到底应该怎么做。你会惊奇地发现，大概率你不会因为这件事开心，因为这件事只是容易做而已，并不是正确的选择。如果你还没有尝试过这个方法，可以花费 72 小时大胆尝试一下，毕竟只需要 3 天，不成功也几乎没什么损失。

---

① 提姆·费里斯（Tim Ferriss），早期技术投资人兼顾问，个人效率大师。

生存策略 9

培养交易成本思维

按照“挤奶工”的方式工作，对企业家来说，可不是件好事！据说在柏林，挤奶工的收入寥寥可数，少得可怜。在《拉·封丹寓言》中，挤奶工贝雷特梦想用赚来的钱做各种自己想做的事情，但是不幸的是，她不小心弄撒了牛奶罐，卖不了钱，梦想也破灭了。每个人都会有各种美好的梦想，但是梦想就是梦想，梦想变不成现实。一些企业家也会做同样的事，他们深信用 900 欧元买一台电脑，再以 1 000 欧元的价格售出，就可以赚 100 欧元。但是往往事与愿违，为什么呢？因为他们没有考虑到交易成本。许多企业家都会忽视这个问题，他们对交易成本完全没有认知，盲目预期最后的美好结果，就像很多人只看到了埃及金字塔的雄伟壮观，但对艰难的建造过程却一无所知。

一些企业家的通病：忽略交易成本。

我想要详细解释一下什么是交易成本，因为这关乎一个企业的盈利能力。我们还是以上面那台电脑为例，如果客户对这台电脑感兴趣，首先，客户要给你打电话预约，这个过程需要 3~5 分钟，然后来到你的办公室与你面谈直到敲定这笔买卖，这个过程再次花费你至少 30 分钟。除此以外，你可能还需要提供一杯咖啡，甚至你还需要对你的销售方案和定价深入研究等。

许多公司都有大量无效客户。

如果幸运，到此交易可能就完成了。但是在我看来，由于销售人员的销售技巧或者谈话方式不够成熟，此时可能并没能完全说服客户。如果客户想要试用电脑，又需要 5

分钟。通常情况下，客户不会主动跟你联系，需要你第二天给客户打电话跟进情况。此时，客户又可能提出新的问题。如果事情进展顺利，这次你只需要再投入5分钟就可以搞定这笔生意。但如果不太顺利，本着“客户至上”的原则，你还要继续投入时间和精力，直到客户完全满意并付款，你还得等待客户传回签过字的付款回执单。你以为到此就结束了吗？并没有！接下来，你还要继续花费时间为客户提供售后服务，解决问题，例如如何设置电脑，如何将数据从旧电脑传输到新电脑上，如何连接互联网，怎么设置电脑密码，如何登录电子邮箱账户等。这样，你又得花费至少15分钟的时间。以上这些都是交易成本。

把这些时间加起来，算算你获得的收入，这些时间的价值真的只值100欧元吗？大概率你做的是一笔亏本的买卖！你也可以用同样的方式计算员工的时间价值（包括员工工资、办公室租金、税务顾问工资等众多相关方面的间接成本），甚至可以精确到分钟。为了获得更高的利润，一方面你要考虑增加收入，另一方面也要减少成本。对此，这里我可以提供一些建议：

订单越大，交易成本越低

听过上面的故事，你还愿意用小订单赚钱吗？虽然小订单价格便宜，客户更容易决定是否购买，而大订单需要更长时间的商务洽谈，甚至为了赢得客户信任，企业需要营造一个更加良好的形象，这些都比小订单更加复杂，但无论订单大小，一些基本的交易成本是必要的：①获

如果你想靠小订单赚钱，你就得像Aldi[①]那样高效，你可以做到吗？

① 德国一家以经营食品为主的连锁超市。

取客户需要耗费的资源以及在此过程中花费的金钱、时间；②产品或服务销售成本，包括与客户沟通、回答客户对产品的疑问、确定订单量、协调交货日期、报价、展示产品或服务的成本和执行成本；③交易成本，包括开具、寄送发票，核对客户的货款，给客户发催款单；④财会成本，包括会计和税务顾问的工资等……不管交易大小，这些成本都会产生，所以相比之下，大额交易利润更高。

提高产品质量以节省成本

通常人们会认为高质量产品意味着高成本。事实恰好相反，高质量产品反倒能为你节省不少成本。因为工作质量（订单处理质量）和产品质量（或服务质量）越高，后续需要投入的沟通成本和售后服务成本（如处理客户投诉、返工的成本，向客户电话澄清、道歉的成本）就越低。

发挥员工最大价值

许多公司都存在这种情况：高薪聘请的员工整日琐事缠身，根本无法发挥他们的真正价值。公司之所以招聘这些岗位，当然是因为公司急缺这样的人才，但实际上员工做的事情并不能体现他们的真实价值。作为老板，你要确保人尽其才，不要让那些才华横溢的销售精英被迫应付各种打杂的工作。做到这一点，对员工、公司和老板都有好处。

培养交易成本意识

公司中最重要的员工莫过于销售人员。如果要节省交易成本，公司必须要培训销售人员的成本意识，这一点非常重要。因此只有销售人员对交易成本深谙于心，他们才会在选择客户时更加谨慎，将重点放在结果上。这些销售人员非常了解自己的工作价值，他们会积极选择正确的客户，提供合理的报价，不会毫无意义地提供免费服务。然而，如果公司不对销售人员做相关培训，销售人员很可能为了促成交易而不计成本地提供服务或者做出承诺。

记录隐性成本和额外成本

公司应当建立一个隐性成本和额外成本账单，否则可能很快公司就会出现资金问题，濒临破产。账单记录包括订单成交量及相关费用（以每小时为单位）。将每个订单实际花费的时间记录下来，看看哪些订单或者哪些客户的交易成本太高，可以考虑放弃。将那些隐性的免费服务找出来，转变为付费服务。以出售电脑为例，你可以提供付费的“文件搬迁服务”，包括数据传输、互联网接入等。还有那些精心设计的服务，你也应该收费，这一点将在生存策略 10 中详细说明。

固定客户更重要

如果你想降低交易成本，最需要注意的就是寻找新客户的成本和订单核对成本。因此，固定客户和固定订单非常重要。公司应该努力将销售出的订单转变为长期稳定的固定订单，将新客户变成老主顾。相比于不断拓展新客户，维护好老顾客的订单可以获得的利润更多。同时你要考虑为其他大公司提供外包服务或者投标项目、临时项目支持是否划算，因为这类项目带来的利润通常很少，而且很大程度上还存在机会成本，例如，你要为此投入大量专业的员工，导致你无法再推进其他项目。

实践经验

要包容客户的投诉，并迅速解决问题。例如，客户抱怨一张上万元的发票少写了 50 欧元，正确的处理方式是不要反驳，立马把那 50 欧元全部转给客户，并在付款时备注好：经与客户协商，该问题已解决。而有些公司在处理这类情况时，先是记录客户投诉的问题，然后公司内部讨论出一个都认可的解决方案，交给管理层批准，有时可能还需要再次致电客户询问具体情况。这样下来，花费的成本何止是 50 欧元呀！有些人可能会担心，这么爽快就答应客户的要求，会让客户为了占点小便宜一再找碴儿，按照我多年的经商经验，这样的客户很少，20 年来我只遇到过一次。

生存策略 10
尽早放弃无效客户

公司需要客户，客户数量可能取决于公司成立时间长短。但是，公司业务的好坏不看客户数量，而看质量。许多企业家都没有意识到这一点，他们不挑选客户，盲目追求数量，在他们眼里，所有的客户都一样，多一个客户就是多一个赚钱的机会。实际上，一旦考虑交易成本就会发现，客户是不同的，不同在哪儿呢？带来的利润不同！（详见生存策略 9）除了订单量，沟通成本和协商成本更加影响利润空间。在我创业初期，一些客户每年都会从我这里购买杀毒软件许可证，有时也会购买打印机墨盒，他们认为自己是老主顾，因此总给我打电话免费咨询一些问题。他们没有考虑交易成本，不认为自己该为这些服务付费。当然，当时我也没意识到这一点。

那么，如何对待无效客户呢？下面是我的几条建议：

尽早放弃低质量客户

> 不要试图抓住所有的客户，选择优质客户会为你节省很多时间、金钱和精力。

你要尽快形成甄别低质量客户的“第六感”，与这些客户打交道，每一次协调都很费劲，总是难以协商一致，要么电子邮件丢失了，要么约好的会谈无故缺席。这些客户并不了解自己，不知道自己想要的是什么，同时又听不进去别人的建议。他们总是试图干涉你的工作，找所谓的“顾问”来监督你的工作，出现问题从来不从自身找原因，还会无理地抱怨产品价格太昂贵。你在这样的客户身上浪费大量的时间值得吗？这样的客户通常也不会为你的时间成本买单。

努力识别和避免客户里的“定时炸弹”

有些客户总是不愿意按时结账，要么“会计生病了”，要么“发票找不到了”，要么就是随便找个借口继续拖延付款，更有的客户临近付款期限时要求重开发票（这样付款日期也会推迟）。遇到这样的客户，我建议尽快放弃，因为这样的客户，不论是他个人还是他的公司都存在极大的不确定性，他会成为“定时炸弹”，说不定什么时候就会成为老赖，到那时你还得诉诸法律手段，这恐怕至少得再花费你2到3天甚至2到3个月的时间，实在是得不偿失。对此我有一条识别客户的经验，那就是让客户支付 50% 的定金。一般对于高质量的客户来说，50% 的定金没什么难度，但是如果客户不愿意支付，那么你就要谨慎考虑是否要继续提供服务了。

将免费服务转变为付费服务

重新考量一下你的服务，看看哪些是可以收费的。我在创业早期，会为一些客户提供有偿的计算机服务，按季度付费。因此，你也可以像我一样，有偿提供专门的定制服务或者与产品相关的配套服务，并不断提升服务质量，提高价格。

> 无偿服务，收效甚微。

优化流程，节省成本

最好将公司里的常态化工作固定成一个标准化流程，以免每次工作都要重复进行一样的内容，浪费资源和时间成本。例如，你可以使用欧盟 SEPA 转账系统或 EC 卡来避免烦琐的汇率换算。虽然直接收款会缴纳部分手续费，但这会降低你的管理成本和其他成本，总体上来看，这种方式能带来更多利润。

将交易成本纳入成本计算

公司计算成本时要考虑交易成本，要为可预见的交易成本（包括即时产生的时间成本和其他不可预测的成本）制定统一的计费方式。例如，30 分钟以内，不收费；1 小时以内，服务费用是 100 欧元；超过 1 小时，每 15 分钟收费 25 欧元。

精简产品或服务

重新梳理公司的产品或服务，去掉那些不想再继续销售的产品或服务，如一些十分耗费交易成本的免费服务。精简产品或服务，适当收费，会让你的公司避免亏损。

企业家要考虑长远利益，着眼于客户整个生命周期的收益。也就是说，如果可以和客户长期合作，初期交易成本较高也是可以接受的，因为通过后期源源不断的固定订单，你会获得更大的收益。有些客户看上去总是犹豫不决，造成了较高的交易成本，但是如果后期他带来的订单量和利润很大，交易成本高些也无妨。

> **实践经验**
>
> 当然，企业家一定会遇到鸡蛋里挑骨头的客户，这很正常，就算是星级酒店也会因地毯的颜色或者餐厅的盘子而被投诉。对于这样的客户，你可以果断放弃，把他们交给你的竞争对手，这对你未尝不是一件好事。

生存策略 11

想尽办法提高“知名度”

可口可乐（Coca-Cola）味道好还是百事可乐（Pepsi）味道好？神经科学家对此早有定论——休斯敦大学对此进行了一项实验：将实验对象分为三组，第一组受试者盲品百事可乐和可口可乐，得出的结果是二者味道几乎一样。第二组受试者知道自己喝的是哪种可乐，他们一致认为可口可乐更好喝。第三组实验人员将百事可乐倒入标着“可口可乐”的杯子，将可口可乐倒入标着“百事可乐”的杯子，受试者表示“可口可乐”杯子里的更好喝。随后，实验人员对受试者的大脑进行核磁共振扫描，结果显示，可口可乐的品牌形象激活了受试者大脑中负责调控积极情绪的区域。因此，虽然人类一贯认为自己是理性客观的，实际上，我们的判断也不总是正确的。就像有些所谓的葡萄酒鉴赏家，在盲品中会误认为廉价的葡萄酒是产自著名酒庄的昂贵葡萄酒，这常常会使他们陷入十分尴尬的境地。同样，昂贵的化妆品有时反倒不如价格低廉的药妆品牌更受消费者青睐。然而，具有同等功效的抗皱霜，知名化妆品公司的售价是普通药妆店价格的 35 倍。因此，产品“知名”才能赚钱，就像消费者认为价格贵的产品质量更好一样，知名度高的品牌会让消费者更加信赖。

知名度会助推产品销售，这就是生存策略 45 中为什么会提到“越会展示自己，越能挣钱”，除了营造积极的品牌形象和频繁推广营销外，人类的从众心理也起到不小的作用。人们容易相信绝大多数，盲目跟风。就是因为这样，“德国最受欢迎的信用卡”（Deutschlands meiste Kreditkarte）这样的广告词才能广为流传。如果消费者按照信赖度选择商品的话，巨大的知名度无疑会将安全性拉到最大，让消费者更加信赖。这一法则也适用于职业选择，克拉根福大学教授卡尔·尼斯曼（Karl Nessmann）的调查报告显示，一些知名度很高的职场人士或者在自己行业中拥有良好口碑和声誉的人是猎头争相追逐的对象。

> 大家都知道的产品，一定差不了！

对于中小企业来讲，你可能没有可口可乐公司那样雄厚的资金来支撑广告宣传，但是你仍旧有很多办法提高公司知名度。除了传统广告和网络广告，你也可以通过赞助活动、交叉营销[1]、加入俱乐部或协会（从行业协会到扶轮社[2]）、办讲座、举办研讨会等，频繁让你的公司出现在大众视野，提高公司的知名度。你的名字出现得越频繁，人们越能记住你。想要做到这一点不一定需要高昂的广告预算，你可以为体育俱乐部赞助球衣，将公司的旧电脑捐给学校，或者在公司的停车场为某个汽车俱乐部举办一场年度车展。你也可以通过交叉营销寻找合作伙伴，共同印制宣传册、共用销售点、互相购买优惠券等。

“御用供应商”的时代已经过去，如今，明星效应成为品牌推广的主要手段，明星或者名人的推荐可以迅速提升品牌知名度，企业家也应该关注到这一点。就像有的餐厅会有一面照片墙，上面挂满在那里就餐的名人，来作为餐厅非常有力的宣传。有的汽车经销商也会用照片墙来宣传他的豪华汽车多么令顾客满意。企业家也可以让名人“成为自己的客户”，并在网站或者社交媒体上宣传这些人对公司产品的赞美，这会让你的产品更受欢迎。再比如说，Nespresso 胶囊咖啡[3]不会因为乔治·克鲁尼（George Clooney）的一句称赞就变得更好喝，但是花 4 000 万美元请他录制一个 20 秒的宣传广告，对于雀巢来说确实是一笔稳赚不赔的买卖。2006 年起，雀巢开始利用名人效应宣传产品，胶囊咖啡的销售额从 2008 年的 15.2 亿欧元一路飙升，到 2013 年达到 24.8 亿欧元，短短五年上涨近 10 亿欧元。对于精心钻研产品质量的企业家来说，这个结果

---

① 交叉营销，指通过把时间、金钱、构想、活动或演示空间等资源整合，为任何企业，包括家庭式小企业、大企业或特许经营店提供一个低成本的渠道，去接触更多的潜在客户的一种营销方法。其实质是在拥有一定营销资源的情况下向自己的顾客或者合作伙伴的顾客进行的一种推广手段。——译者注

② 扶轮社是依循国际扶轮的规章所成立的地区性社会团体，以增进职业交流及提供社会服务为宗旨；其特色是每个扶轮社的成员需来自不同的职业，并且在固定的时间及地点每周召开一次例行聚会。——译者注

③ 瑞士雀巢公司旗下的一个子品牌，成立于 1986 年，总部位于瑞士。——译者注

似乎让他们感到难以想象，毕竟，谁能知道苦苦探索出的高质量产品，竟然不如明星营销策略更能获得巨大的成功？但是，事实的确如此！有些公司还会用一些奖项或者头衔赢得关注，比如“最优秀企业奖”“消费者的知己”等，但是这些奖项需要公司达到一定的资质或者规模才能参与评选。

手工技术行业往往不认同这种公关营销策略，他们坚持认为产品质量是成功的利器，但是，质量“不会说话”，尤其在竞争非常激烈的行业。另外，产品质量是公司呈现给客户的最终工作成果，只能在产品售出后由客户评价。想要吸引客户，成功拿到订货合同，还是需要用产品“头衔”打出知名度。因此，公司需要提前为产品做宣传，提高产品的知名度，同时防止一些负面新闻影响产品形象（比如“烂肉丑闻”会直接影响香肠销量）。即便宣传达不到家喻户晓的程度，努力让产品在客户的生活中“无处不在”也于销量有益。除此之外，在客户群体中获得良好的口碑也非常重要！这个办法同样适用于网络产品。但是你也不必过于担心偶尔出现的“差评”，老实说，在清一色的“好评”中偶尔出现一两个“差评”反倒能体现出评价的真实性。没有哪个产品是完美无缺的，也没有哪个产品可以收获所有客户的芳心，只要你的产品口碑一直处于排行榜前列就可以了。但是如果你收获的全部都是“差评”，那就不妙了。你需要思考哪里出了问题，是产品质量？或者只是因为你从来没有专门引导客户评价产品？如果是后者，你就得从产品评价入手，逐步完善产品的“买家秀”或者“照片墙”了。这样做的另一个好处是，在网络上公开表示支持你的人，会成为你的忠实客户，因为这样才能体现出他们言行一致，没有说谎。

要主动把产品介绍给别人，而不是等别人来发现。

实践经验

遇上对产品或服务满意的客户，企业家要主动索要“好评”，尤其是在互联网上。根据 2018 年的一项调查显示，18~69 岁的消费者中，90% 的人在选择酒店、旅行、家用电器、电子产品时，会受到网络评价的影响。如今，几乎每个人上网搜索某一家公司或者服务商时，都会浏览相关网络评价。因此，企业家要确保自己的公司或者产品在网络上口碑良好，如果遇到“差评”，公司要积极回复客户投诉并及时给出解决方案。任何一家公司都要密切关注自己的声誉，利用好互联网这个强大的工具。

生存策略 12

保证有足够的现金流

在德国，你可能经常听到一句话：你可以减免部分税收。这是因为，德国公司可以接受德国税务局的“税收福利包”，比如税务局向企业提供豪华商务车、办公家具和其他办公用品，公司一次性向税务局缴纳一定数额的款项，之后一定年限内公司就不用再缴纳税款。但是我希望你不要被这种“福利”迷惑，其实一次性缴纳的款项远远要比税收金额多，而且这样的合约通常年限都很长。这里我不想解释税务问题，但是我们可以算一笔账：税务局给你一张办公桌（使用寿命按 13 年算），你需要一次性缴纳 2 600 欧元，如果税率是 40%，未来 12 年每年可以免税 80 欧元。但是如果你选择留下 2 600 元用于投资，这 2 600 欧元会在未来 12 年内不断增值，除去增值税也会超过免除的 960 欧元税款。这么算下来，哪个更合适呢？

在我遇到的企业家中，不乏这样一些人，他们总觉得这笔买卖划算，毕竟可以省去所有的税款，但是他们没有计算过，即使是只需要花 1 欧元，为了省去 50% 的税费他们仍旧要损失 0.5 欧元。因此，现金为王，保持现金流充裕才更有利于企业良好运转。比起拿现金去免税，我更愿意存银行。企业家也要避免不必要的投资。那么，什么是不必要的投资？举个例子，如果你是一位成功的企业家或者演说家，你需要一台硬件功能强大、电池续航时间长的电脑，因为你需要用它来记录旅行、拍摄讲座和研讨会视频，并剪辑视频发布出去，所以你买一台 3 000 多欧元的笔记本电脑是值当的，这是必要的投资。但是如果你买笔记本电脑只是为了写邮件或者在互联网上搜索信息，那去折扣店买一台 399 欧元的电脑就足够了。再比如说，虽然我现在开的是一辆宽敞的奥迪，但是 15 年前，我初创企业的时候，先后开过高尔夫 3、福特福克斯和蒙迪欧。对我来说，汽车只是代步工具，不能为我赚钱，因此我没有必要在这方面花费太多。但是，复印机就不一样了，我需要使用它复印文件、提高工作效率，它对我很重要。因此，尽管我当时还是个 18 岁的孩子，已经在我的办公室（其实是我的卧室）里安装了一台属于自己的打印机。因此，评估一项投资是否必要，原则很简单：这项投资能否为你节约时间或者增加盈利？如果出于工作需要，想办法保证自己舒服也是一笔必要的投资。拿我自己来说，我需要去世界各地演讲，因此，保持精力充沛、精神饱满是非常重要的。所以，我需要一辆舒适的汽车或者乘坐飞机商务舱，来保证自己不会被大量的旅途搞得筋疲力尽。如果你的公司运营稳定，收入颇丰，你可以偶尔奖赏自己一辆豪华汽车，但是不要忘记，它不能给你赚钱。

现金为王，保证公司有足够的现金流。

实践经验

现金只能花一次，花出去就没有了。企业家如果资金充裕，可以拿出一部分钱免税，但是最好不要把现金全部花在免税上。金钱带来决策自由（参见生存策略 2），对于每个企业家都适用。如果你想让公司获得成功，一定要使用好现金。与其用来免税，不如拿去投资，投资会带给你更大的回报。比如，你可以聘请企业管理培训师，优化企业管理结构，或者参加一些付费的商业活动，从中获得一些商业人脉，这些回报会复利性增长。如果你都没勇气投资自己，不敢相信投资自己会成功，你如何让你的客户信任你？

生存策略 13

成功是不断“尝试”出来的

如果让一个成功的企业家回顾他的职业生涯，找到决定他走向成功的关键因素或者意义重大的时刻，他或许不知从何说起。但是，正如人们所说，“成功一定有迹可循。”对比那些成功企业的成长历史就会发现，虽然每个企业各有特点，但是他们的成功之路有一个共同点：从无数件小事中不断积累。总有些人认为，成功的企业家都是天才，他们异常聪明，在棕榈树下晒着太阳就能灵光乍现，捕捉到财源滚滚的商机。我不知道为什么人们会冒出这种想法，可能是电影看多了。但是生活不是电影。我花了 15 年时间经营我的公司，现在回想起来，如果我能早点向有经验的前辈请教，吸取经验，我也许不用走那么多弯路。因此，我给你的建议是，第一次创办企

为了一夜成名，我花了 30 年。

——哈里·贝拉方特（Harry Belafonte）

业时最好寻求成功企业家的帮助，他们会给你很多建议，帮你规避掉一些潜在的风险，这会让你少踩很多坑并快速走向成功。不过，即便有高人指点，你也不要寄希望于一步登天。

成功取决于发现力和创造力，也取决于立马放弃错误想法的魄力，哪怕这个想法是你心心念念想要实现的梦想。有些创意听上去或许不错，但是真正做起来恐怕是行不通的。一个成功的企业家有很强的变通能力，不会在一棵结不出果实的树上吊死。成功的另外一个重要因素是行动力：与其在脑海中无数次幻想空中楼阁，不如真的动手建一个房子。具体来说，就是在当前条件允许的情况下，开始行动，然后一步一步往前推进。如果刚开始没有钱大量投入营销广告，不必羡慕大公司动辄几百万美元的广告预算，换一种方式一样可以达到目的。我刚开始创办公司的时候也没有钱打广告，所以我用 A4 纸打印出上千张宣传单，上面印有计算机系统图片、服务、地址和电话等。在晚上散步的时候，我把这些宣传单一一塞进各家各户的邮箱。我的策略发挥了巨大作用，因为我用一个朴素的白色信封装我的宣传单，上面没有任何装饰，也不透露任何信息。这样，几乎所有人都会打开信封看一眼，而不是还没有拆封就直接扔进垃圾桶。我用这种宣传策略拿到了很多订单。

> 痛苦无济于事！
>
> ——富兰克·王尔德（Frank Wilde）

刚开始，我的大部分客户都是私人客户，因为我从小在这个地方长大，比较熟悉这里的情况，扩展业务比较容易。我的同行甚至因此嘲笑过我，因为在 IT 行业，给私人客户服务意味着公司不够专业。对此我一笑了之，并没有觉得有什么丢脸的，毕竟不论是私人客户还是企业客户，付的服务费都是一样的。而且，作为一个才 18 岁的创业者，怎么能奢望得到大公司的订单呢？所以对我来说，私人客户是我的敲门砖，能服务好私人客户，得到他们的认可，才有可能进一步得到大公司的订单。

事实证明我是对的。后来我得到了一些私人客户的欣赏，开始为他们的公司提供服务。但是，几乎没有哪个企业家能够未卜先知，也几乎没有哪个企业家知道做哪些事会让自己成功。企业家需要向别人请教，不断尝试别人的经验。同时，企业家也要像实验室的实验人员那样大胆尝试，不断发现新方法。科学技术的发展充满挑战，不是每一个奇思妙想都能成为现实。尽管如此，科学技术人员依然要敢于尝试，企业家也是一样的。从 3D 电视到 Segway 平衡车，从 Amazon Destinations①，Amazon Endless.com② 到 Amazon PayPhrase 或者 Amazon Askville③，无一不是敢于尝试的结果。杰夫·贝佐斯之所以能够获得如此巨大的成就，身价数十亿，就是因为他是一个不安分的试验者，总是敢于把自己的想法付诸行动，用事实检验。从在网上卖书到建立亚马逊，这是一条漫长崎岖的路，他坚持不断实验，不断积累，最终成就了自己的商业奇迹。

实践经验

办企业就像撑竿跳运动。1849 年，男子撑竿跳的最佳成绩是 3.15 米；63 年后，也就是 1912 年，出现第一个世界纪录，4.02 米；又过了 51 年，来到 1963 年，成绩突破 5 米大关；直到 1985 年，成绩才刷新到 6 米。每刷新一次记录，背后都是几十年来一步一个脚印的努力积累。企业的成长就像人的成长，坚持下去，一厘米一厘米地刷新成绩，有时需要节省体力、厚积薄发，有时需要拼尽全力、全速奔跑，但是无论速度快慢，达成目标就是成功。

① 亚马逊推出的在线旅行服务。——译者注

② 亚马逊旗下著名时尚箱包、鞋子、服饰、手表、首饰特卖网站，目前已并入亚马逊网站。——译者注

③ 类似中国的“知乎”。——译者注

| 生存策略 14 |

要有创造力，但更要有专注力

企业家必须富有创造力，但是也要有专注力，需要从个人的梦想和愿望出发，从诸多想法中定位一个，制订详细的实施计划，让自己逐步成功。企业家首先要想清楚自己到底想要什么，是财富还是地位，愿意打工还是愿意自己当老板？想清楚了这些，再加上前面我说的——专注于一件具体的事情，你就一定能成为一个自己满意的人。在我看来，公司只是企业家实现个人目标的途径（参见生存策略 1）。

对于企业家来说，最重要的是自己和目标，其他都是次要的。

有些时候，企业家开办企业就是为了在自己喜欢的地方有一个工作和生活的场所。今天技术手段如此发达，如果你喜欢澳大利亚，而你的市场在德国，你完全可以在澳大利亚成立一间公司，然后通过互联网为德国客户服务。但是在这种情况下，你的公司可能就不适合雇用大量的员工，因为时差会导致沟通成本太高，精简公司结构是不错的选择。如果你的某个同行跟你的经营方式一样，也是面向海外市场，但是他的公司有 100 多名员工，你不要觉得他比你成功，因为看一个人成功与否，不是看他公司规模有多大，而是看他离目标有多近。

成功没有捷径，为了实现目标，企业家要有创造力。但不是所有的想法都能成功变为现实，有时你会发现行路至此难以前行，不得不绕道继续，有时干脆就是走入单行道或者死胡同。美国有句俚语：不专注的人总是被闪亮的东西（诱惑）

要经受住“闪亮的东西”的诱惑！

分散注意力（Shiny Object Problem）。专注力和创造力有时是相互矛盾的。专注力要求人只注意少部分细节，而创造力则要求人注意全局内容。它们没有好坏之分，需要具体情况具体分析。例如，你已经明确了自己的目标，并且也有了具体的实施计划，那么你需要暂时放下创造力，因为不断涌现的新想法会分散你的注意力，让你无法专注于实现你的既定目标。我们可以从小孩身上看到一种现象：小孩想要拿远处的玩具玩，目标很明确，路径很清晰，但是在走向远处玩具的途中，小孩会被其他的玩具吸引，许多好玩的玩具会让小家伙非常兴奋，以至于早就将最初的目标抛之脑后。很多企业家也是这样，虽然看上去忙忙碌碌，但是干的都不是最重要的事情，到头来自然也就没什么收获。

企业家不是小孩子，一定能分辨出成功路上的诱惑。我猜测你目前正在经营一家公司，公司运转良好，你有长远目标，也有近期计划，到目前为止你的职业生涯还算顺利。不然你根本没有时间或精力来读这本书，任何人身处巨大压力下都没空自我提升。尽管目前一切顺利，你还在寻求成长，试图从书中找到一些问题的答案。你也积极在社交媒体上观察其他公司，参加交易会来激发自己的灵感。你一贯是一个虚心接纳建议的人，在交易展览会上你听到很多新奇的想法和观点，于是你深受启发，开始探索新的业务领域，并忙于分配预算和人员。你整日在自己开拓的新领域里忙得不可开交，导致自己分身乏术，无法顾及最初目标，最近你正苦恼于此。

出现这个问题很正常，许多企业家都曾面临这样的困境，所以如果你也遇到同样的问题，不必有太大的心理负担。毕竟，作为企业创始人，是保持现有成果，稳步发展，还是不断创新，快速壮大企业，这是一个永恒的难题。我的建议是，企业家最好不要急于开拓新领域，而是要给现有的业务确定阶段性目标，不断完善细节和工作流程，让现有业务拥有坚实基础，确保现有业务稳步发展。如果你确定现有业务完全没有问题了，再考虑开拓新业务。企业家切忌急功近利，要一步一步稳扎稳打。如果你能同时拥有专注力和创造力，那么你将在成功的道路上一往无前！

实践经验

如何区分“闪亮的东西”（诱惑）和真正的商机？如果你不知道，就问问自己下面三个问题：

1. 我这么做是离我的目标更近还是更远？
2. 我的核心业务还有可以发掘的地方吗？相比于开发新业务，我是否还能轻而易举地从原有业务中得到更多？
3. 广告宣传说得天花乱坠，真的有那么好吗？新的东西一定是更好的吗？我需要再认真考虑一下吗？

第二章 | Chapter Two

只有客户
才能带来利润

生存策略 15

成功的企业家都精通“销售能力”

我想，绝大多数读者已经从标题中猜出我本节要讲的内容了。没错，就是谈谈如何做，才能成为一个好销售。在销售圈，“销售ABC法则”（“Always Be Closing”的缩写，意为“总是能成单”）是销售促单的规条。如果你买了这本书，并且已经读到这里，那么你就不用再担心了，我会告诉你如何提高销售能力。现在，我们就要具体说说，究竟具备什么条件，或者通过哪种方式可以让企业家成为一名精明的销售，继而在事业上取得成功。其实道理很简单：这个星球上，没有人是一座孤岛。让我们钦佩的那些成功事迹，无一不是团队合作的结果。因此，企业家要想获得成功，就要利用好团队的智慧。我的第一家公司让我过上了无忧无虑的生活，让我有时间去专心研究我的演讲事业。公司能够成功，不仅仅取决于我有获得客户信任的能力，更因为我有一个优秀的团队，他们认同公司理念，可以独立工作，并且拥有绝佳的销售思维。向团队推广自己公司的理念这一点非常重要，那些成功的企业家全部都做到了这一点，如史蒂夫·乔布斯、沃伦·巴菲特、戴尔·卡耐基、沃尔特·迪斯尼，还有麦当劳创始人雷·克洛克、谷歌创始人拉里·佩奇（Larry Page）、维珍创始人理查德·布兰森（Richard Branson）、特斯拉创始人埃隆·马斯克等。这些人一直以来都在用自己的方式向团队“推销”公司的发展规划或愿景，他们想办法说服团队接受公司理念，并让他们相信那些想法或理念是有意义的，是可以实现的。这就好比选举，政客能够赢得选举，是因为选民真的赞成政客宣称的国家发展规划吗？并不是，他们投出选票完全是因为政客出色的“销售能力”。这种销售能力有时在家庭生活中也不可或缺。比如你想买辆SUV，但是你的伴侣认为这太奢侈。如果你不想妥协，不想把一辆豪华SUV换成一辆小型日本轿车，你就得提前想好如何说服伴侣。比如，你要努力找到对方可以接受的理由，从SUV的性能、安全性、舒适度等方面找到合理的说法。

销售是一种能力。销售需要说服别人相信自己，赢得他的支持，这关乎你的直觉是否足够敏锐，能够立刻捕捉到目标群体真正关心的事情，关乎你是否足够耐心倾听他们的要求、与他们建立信任。销售是一场激烈的心理较量，涉及非常复杂的心理活动，因此，不同的人展现出的销售才能是不同的。世界上最优秀的汽车销售员，乔·吉拉德（Joe Girard），连续多年平均每天可以销售6辆车，这可是大多数销售一个月都不一定能完成的业绩。而吉拉德一个月甚至能卖出去174辆车，简直惊人！尽管如此，几乎所有人在孩童时都梦想成为火车司机、宇航员，还有的孩子梦想成为知名的博主，可没有人想成为销售员。销售这个职业在大众心里印象似乎不太好。根据调查显示，许多人宁愿扫大街也不愿卖保险。这绝对是对销售职业形象的扭曲和误解。这种对职业的误解导致一些销售员在被问及自己从事的职业时，甚至感到羞耻，以“顾问”或“咨询”自称。其实，我们现在生活的世界是经济迅速发展的世界，这个世界无时无刻不在发生平等互惠的交换行为，也就是“买”和“卖”，销售这一职业也就应运而生。我们应该正确理解这一职业，完全不必为此感到任何不好意思。

每个人都能干销售，随时都能干。问题是：如何干好它？

如果企业家想创业成功，或者说获得人生的成功，就要纠正对销售的错误认识，这样销售就会为你打开一扇通往新世界的大门。要想学会销售技巧，拥有销售能力，你就得学会如何自如地掌控对话，知道什么时候该说什么话，也得知道为什么说。企业家如果精通销售技巧，既能赢得业务成功，又能在别人提供不公平或者没有说服力的销售建议时，自信十足地拒绝，一举两得。那些让你压力很大的销售员，通常会让你对销售这个职业更加没有好感，但你可以凭借自己专业的销售知识避免这些负面影响。并且，让客户感到不舒服的，通常不是花钱本身，而是觉得明知这钱花得冤枉而无能为力，只能任由巧舌如簧的销售员宰割。为了说服客户，销售员自知用了一些根本站不住脚的理由，客户对此也心知肚明，只不过不方便当场戳破，或者无法抵挡销售员施加的巨大压力。但是，作为企业家，你不应该被销售员“套路”，识别“套路”也是销售技巧的重要部分。如果企业家能轻松应对这种情况，生活或工作中就没有那么多压力了。销售能力，或者说拒绝别人强迫自己做决定的能力，会使企业家的生活更加轻松自由。因此，如果不学习销售技巧，真的很愚蠢。

销售技能的精髓在于：任何时候，任何一场谈话，都能掌握主动权。

掌握销售能力、拥有说服力的企业家，可以让自己不被“忽悠”，在任何商业谈判中保持冷静，不会被对方激怒。而那些没有掌握这些技巧的人往往容易拍桌子大喊，陷入不理智的困境。面对这样的人，企业家要明白，他其实是只“纸老虎”，不要害怕，适时回击，就会轻松打破对手的防线。企业家要经过日复一日的练习才能练就这样的销售才能。在生活中影响他人的行为和判断就是最好的锻炼。比如，你可以将公司的事务委派给团队进行，或者外包给其他公司，让他们全权处理公司业务。但是不论怎样，企业家一定要保证自己拥有卓越的销售能力，这会大幅度提高你的领导力，使你成为一个成功的企业家，一个强大的问题终结者，真正实现财务自由。一个出色的销售员永远不会打无准备的仗，他会做好充分的预案，始终掌握谈话的主动权。说到这里，你一定很想知道，如何做才能掌握这些销售技巧，拥有出色的销售能力，关于这一部分，我将在下一节详细解释。

实践经验

曾经，你特别相信哪些销售员？为什么相信？作为顾客，在哪些时刻你感到自己得到了尊重？哪些销售员让你十分反感甚至大动肝火？这些成功或失败的销售案例都可以成为你学习销售的教材。

生存策略 16

每位员工都要有销售思维

一位客户愤怒地说道："我再也不从某某公司买车了，给柴油机换个火花塞都要钱！"这家公司是德国一家著名汽车制造公司。柴油机根本不需要火花塞，客户只是找个由头发泄不满罢了，而为他服务的机械师显然不幸"中枪"了。我提到这件事，不是为了诟病德国的售后服务差。我想强调的是，面对客户，每个员工都是公司的代表。就像这个机械师，客户不会说"那个叫麦耶的机械师服务不好"，而是认为这个公司处心积虑欺诈自己。之后，这个客户会把这段不愉快的消费经历告诉他身边的每个人，从他的妻子、邻居，到网球球友、同事，如果他在 30 岁以下，会使用互联网评论，他还会去网上发布差评，乐此不疲。这一系列后果会给公司带来负面的影响。

这样的客户反馈非常常见。因此，企业家要跟员工反复强调，他们不只代表自己，也代表公司，在与客户接触时，推销自己的同时也要展现出公司良好的形象。不管是负责核对账单的会计，接听总机电话的话务员还是负责结账的收银员，都要做到这一点。安妮·许勒尔[①]在她的著作《触点》中引用斯堪的纳维亚航空系统公司（SAS）首席执行官詹·卡尔森（Jan Carlzon）的观点，提出“接触时刻”理论。利用该理论，我们可以很好地培训公司的经销商和销售人员。但是如果不这么做，除非你的公司像德国铁路公司那样，是绝对的垄断企业，否则，从长远来看，你的公司很难生存。比如，家具店的老板往往就不懂这些。虽然店里的装修十分优雅，销售人员给客户的建议也非常合适，但是，如果你是客户，你看到你的精美家具是出自一个衬衫袖口满是污渍，邋里邋遢的人之手，或者搬运工人在搬运家具时刮伤了你的木地板，再或者安装家具的工人都无法正确安装螺丝，你觉得你还会再到这家店购买家具吗？你还会再花费时间看这家店的宣传册吗？我想是不会了。

正是由于这些原因，我一再强调企业家要将公司转型为一个以销售为导向的公司。也就是说，公司里的每个人，上到总经理，下到业务员、实习生，无一例外，都要把自己看作一个销售员，在与客户交往的每个“触点”，都要牢记自己是个销售员。换句话说，无条件遵循“客户至上”原则。如今，公司与客户的互动渠道逐渐变多，打电话、发邮件、官网以及各种社交媒体……有些公司甚至还使用聊天机器人或者通过WhatsApp联系客户。随着数字化和自动化时代的到来，近年来还发明出更多方式，以支持客户直接联系公司，沟通进程得以加

每个员工都是公司产品的代言人，销售型公司才有未来。

① 安妮·许勒尔（Anne Schüller），欧洲知名管理思想家和演说家，欧洲触点管理与忠诚度营销领域杰出专家，德语国家最受欢迎的讲师和商业教练之一，在多所高校任嘉宾讲师。——译者注

快，当然，这也会使公司较难控制同客户的互动过程。

企业家要建立“客户至上”的企业文化，让所有员工都牢记这一点。同时，由于专业知识的学习可以速成，但是想要拥有销售技巧这种与人沟通交流的能力，却不是一朝一夕的事情，所以企业家最好雇用那些拥有基本销售技巧和能力的人。如果企业家能够始终牢记，员工代表的是公司，那么在挑选员工时，你就会更加谨慎。当然，由于目前市场上专业的技术工人非常短缺，有些公司非常需要这样的人才，尽管他们不具备我们要求的销售能力，这些公司愿意做出让步。但是，作为企业家你一定要明白，其实客户很难对专业性做出判断，他们对产品或服务质量的判断，大概率基于员工或者公司展现出的形象。因此，我认为评价员工的基本标准是：15% 专业能力加 85% 个人能力。如果员工的个人能力不足，客户就会否认你的专业性，并换一家公司购买产品。

专业知识可以培训，但是谈话技巧和个人影响力却无法培训。

很多人觉得销售和营销是一码事，事实并非如此。如果有人告诉我他的公司在同时推进这两件事，我会觉得他很难成功。因为销售和营销使用的策略完全不同。营销是什么？营销就是要短时间内接触大量的人，不管是不是有效客户，重点是把知名度打出去，让更多的人注意到公司和产品，激发出市场需求。而销售要满足客户个性化需求，从中获利。为了拿到订单，销售员事先要精准定位需求，针对需求给出产品。提供的产品不仅要质量好，还要想办法在外观上博得客户的芳心，做到这些才能成功拿到订单。专业销售员在乎的不是客户数量，而是客户质量。在一些情况下，放弃一些无效客户或者成单可能性较低的客户也是有必要的。

通过营销，越来越多的人注意到了企业和产品，于是有些人就会联系销售员，说出需求，公司从而提供产品来满足客户的需求，然后客户下单，企业交付产品并履行售后服务承诺。举这个例子是为了说明，即便是一个如此简单的销售流程，客户也需要与公司的多个员工打交道，更别说我还没有提各种电话联系涉及的员工。

“营销”激发需求，“销售”满足需求。

有时，新客户不会购买企业现有的产品和服务，而是提出一种新的设想，希望企业能帮他实现。如果企业能够实现他的设想，他就会更加相信企业之前营销时所宣传的能力和相关信息。然后，他还会考虑到声誉和口碑问题，在网上搜索其他客户对企业的评价。在他没有真正下单前，他的所有判断都只能基于直觉——他只能以直觉判断是否选对了合作伙伴。所以，企业家不能再将员工的职责仅仅局限在自己所在的部门——所有员工都应该使出浑身解数来赢得客户的信任，让客户觉得自己选对了合作伙伴。并且员工要确保，之后每一次与客户接触时，都尽全力展现出最好的形象，让公司的良好形象落实在一点一滴的具体细节上。但是现在很多公司都不这样做，我们在生活中也总遇到这样的情况：在网上看一个产品宣传视频或者浏览某产品官网时，看到客户评价非常棒，于是我们就给这家公司打了电话，可惜体验很不好，对方的服务态度让人非常反感，不禁想问问自己为什么要浪费时间在这种公司身上。如果你的公司给客户带来的是这样的体验，你认为客户还会从你这里购买产品吗？很多时候，客户不是挑选那个最喜欢的产品，而是挑那个让他们最有安全感的。所以公司在销售产品时，要利用好每一次与客户接触的机会，尽可能降低不确定性，展现专业度，向客户展现公司专业、良好的形象。销售员赚来的钱除了要

理想的员工会让客户觉得自己做出了正确的选择。

承担公司的日常运营费用外，还包括员工的工资。因此，每一个员工都有义务为公司赢得收益，避免任何损坏公司收益的事情发生。

那么，作为企业家，你如何让员工做到以公司利益为中心，不管身处哪个职位都能以销售的心态工作呢？如果你真的想做出改变，我建议你和你的员工一起开一场关于“目标”的座谈会。你可以在他们面前谈谈你的生活和你的工作，说说你的个人理想和职业目标，然后你可以表明你创办公司的初衷。当员工在认真倾听的时候，他们也会慢慢从压抑的工作中放松，想起自己的目标，开始和你一起畅想未来。你们开始一起反思，思考自己缺少什么，然后集思广益，共同找到解决办法。我相信，在所有的目标中，金钱都是必不可少的“催化剂”，有了钱，才能很好地实现目标。除此之外，大家也会清楚认识到，任何一个目标都难以独自完成，都需要获得他人的赞同和支持。那么，如何获得钱呢？作为企业家，作为员工，你们获得金钱的共同方式就是销售自己、销售公司、销售产品和服务。一旦激发出员工赚钱的动力，企业家就在公司转型上迈出了成功的第一步。之后企业家需要做的就是通过开展工作研讨会、产品质量分析会、销售培训会等不断提高员工的销售能力，纠正一些错误的销售行为或者销售知识。有时企业家也可以安排员工轮岗，让一些原本不直接接触客户的员工也获得与客户交流、跟进项目的机会，这会非常有利于提高他们的销售意识。

除了提高团队的销售能力，认真对待客户在互联网上的投诉和评论也是公司提高业绩不可忽视的一部分。公司要做好售后服务管理，处理好客户评论或投诉，要区别对待一些鸡蛋里挑骨头的评价和合理的建议，处理好这一环节，公司将会获得额外的销量。正如“投诉悖论”所说（参见生存策略52），聪

> 21世纪的“炼金术”：将想法变成现实。

明的企业家将批评看作发现自身问题的契机，他们会鼓励客户慎重选择合作的公司，因为他们明白，一旦客户经过深思熟虑后选择了自己，就会成为公司的高黏性客户，这将为公司建立起非常稳固的客户基础。事实的确如此，赢得一个新客户的信任往往要比维护老客户费事得多。因此，如果与客户发生争论，企业家要保持冷静，努力寻找可以达成一致的共同点，如果有，哪怕重新再谈一遍价钱都没问题，毕竟一旦谈成，这个订单可能会在未来十年为你带来稳定收入。

实践经验

企业家要提供给客户“新”方案，而不是“更好”的方案。一般来说，客户更容易被“新”方案吸引，而如果你提供的是一个“更好”的方案，客户难免会考虑是否还能“更好”，这会让客户开始犹豫，并且不自觉回忆起他之前因决策失误导致的失败经历。

生存策略 17

用客户能理解的语言去沟通

小时候，我有一个好朋友杨，我几乎每天都去他家里玩，还经常留下吃饭。杨的父亲是一位赫赫有名的化学家，在拜耳公司工作，手握多项专利，因此经济上非常富裕。杨的父亲很聪明，也很谦虚，如果有人向他请教，他会很耐心地讲解，而且有理有据，让人信服。但是，他很少说话，也不怎么擅长在家里招待客人。我至今记得，有一次晚餐时，

> 越是不把专业知识拿出来“炫耀”的人，越是聪明人。

像其他所有爱吃披萨的小孩子一样，我和杨兴高采烈地从烤箱里拿出香肠披萨正要吃，杨的父亲很严肃地说，奶酪和香肠一起加热会产生有毒物质。我记不清当时他是如何解释有毒物质是怎么形成的了，只记得当时被吓了一跳，有点不敢吃下去了。我看着杨的父亲说："傻人有傻福，我要是像您那么聪明，不知道要放弃多少生活的乐趣。"

杨的父亲是我至今见过的人里面最聪明的。但是聪明人往往会比普通人遇到更多问题，因为聪明人总是能够敏锐地发现那些别人看不到的潜在风险，这种卓越的洞察力有时反倒会成为枷锁，束缚住他们的手脚。有一次，我跟一位律师闲聊，他告诉我去超市采购很危险，尽管那时还没有新冠病毒，但是他为我详细列举了各种潜在危险，从财产损失到身体可能受到的伤害都有。另外，那些接受过高等教育的高智商人才往往会苛求他人——这也是企业家和销售员的通病。这也不奇怪，"知识是成功的阶梯""知识是通往上流社会的门票"，我们从小就被灌输这样的观念。即使一个工匠手下有 50 名员工，收入是教授的三倍，也远不如教授在人们心中的分量。然而事实上，我们在学生时代学到的很多东西现在根本用不上。我们在学校学习手算 3 的平方根，学习 π 的小数位，这些能解决我们现实中遇到的问题吗？但是，我们毕竟在这样的环境下长大，会不自觉地认为知识可以影响人的地位。这体现在我们与他人的对话中，我们处心积虑想要炫耀自己强大的知识体系，从而获得别人的尊重。企业家和销售员往往也会这样。

学校教育保证基本生计。能够说服别人才能赚大钱。

我的许多同行公司技术远比我先进，但是我得到的订单却总比他们多。为什么呢？原因很简单：客户想要的是一个理解他的人，或者说客户并不希望花费时间听一些他听不懂的东西。"终于找到一个理解我的人！""跟那个销售员聊天特别有趣！"就算客户没有明确这么说，至少他们心里绝对是这么想的。许多公司把“专业”作为公司销售的招牌，因此在和客户交流时，不断向客户兜售那些高深的知识以体现他们的专业性，这只会让客户觉得难以理解，并且听着听着就走神儿了。遇到这种情况，就算是经验不那么丰富的销售员也能敏锐察觉。这时销售员就开始担心：“客户不相信我吗？”为了获得客户的信任，他开始补充更多的信息，获得的证书、考试委员会任职的履历、获得的学位……销售员企图用这种方式让客户相信他们所讲的东西都是绝对专业的。而客户此时满脑子想的只是“怎么还没说完”，并且想方设法尽快逃离。其实，这样的销售完全搞错了方向，客户更希望销售员能用简单的话语把复杂的事情描述清楚，关键是让客户能听懂！客户用什么来判断是否和你合作？至少 50% 取决于销售员的交流能力！至于销售员提供的具体细节以及销售员本人的相关资质，客户根本无从判断，因为有时他们也不是专业的。

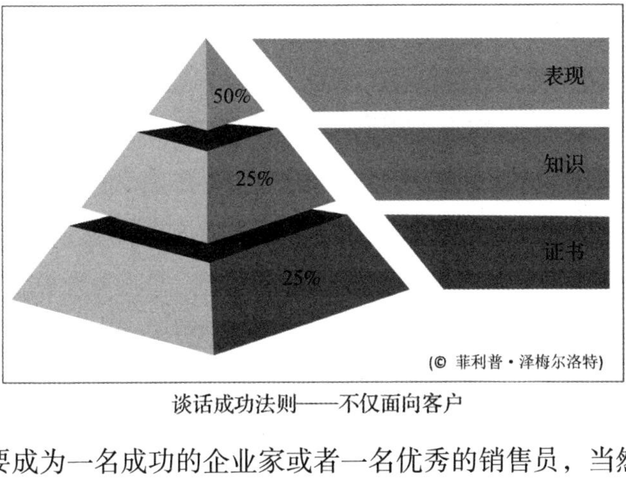

谈话成功法则——不仅面向客户

想要成为一名成功的企业家或者一名优秀的销售员，当然需要足够的专业知识，但是聪明的企业家或者销售员不会把这些知识用在说服客户上，而是用它们从客户身上获取有价值的信息。如果一个企业家或者销售员像我朋友的父亲一样，浇灭了客户对“香肠披萨”的热情，客户还怎么会跟你合作呢？企业家或销售员要始终摆正自己的位置，在客户面前，一切以客户为重，和客户交流是为了拿到订单，而不是在为自己争取地位。如果企业家或销售员把一场商业洽谈变成争夺地位的战场，那么从一开始，你就输了。

实践经验

销售能力高低不在于你是否能把知道的一切全都告知客户，而在于你是否能在不做出过多解释的情况下拿出具体方案。拥有高超销售技巧的销售人员往往不会事无巨细地向客户解释，而是只提出几个非常有说服力的理由（通常是 2~3 个）来让客户信任自己。解释太多只会让谈话时间变长，让客户的注意力不自觉飞走，结果自然不会太乐观。

生存策略 18

不要向客户兜售专业知识

上一节已经谈过，客户最终选择的合作对象不一定是那个展现出丰富专业知识的人。这对于那些在学校刻苦努力学习，辛辛苦苦从大学毕业的人来说可能有点受挫。但我说的是不要向客户兜售你的专业知识，而不是你自己不需要这些专业知识。你确实需要不断丰富自己的专业知识，以此来获得别人的青睐，促成合作。当客户足够信任你时，你自然能得到订单。关键是你能否激发客户的信任——这往往并不取决于你拥有多少证书、学习成绩有多好，而在于客户对你个人形象的评价。接下来，我想通过我自己的一段亲身经历来说明这一点。

在一场博览会的午餐会上，我认识了一位企业家，他拥有一家中等规模的公司（大约有 250 名员工）。他告诉我，他的公司在 SAP[①] 的基础上开发出了一款特殊的行业软件。在交谈中我们发现了一些相同之处，比如说我们都曾参加过一个知名成功学培训师的研讨会，也有类似的兴趣爱好。我们交谈甚欢。分别时，这位企业家说："我觉得有一天我们会有机会一起合作。"当时我并没有在意，只把这句话当成临别的客套话。三个月后，我的电话响了，是那位企业家打来的，他想邀请我和他的国际项目经理一起将他的产品推向国际市场。由于我既不了解这个软件，也不了解他的客户集团，而且我也从来没有跟 SAP 公司合作过，我本想拒绝。但是他告诉我说："你不了解的，客户也不了解，但是我相信你可以快速学会，然后把学到的这些教给客户。"于是，经过几天对客户集团、集团结构以及 IT 项目产品的粗略了解，我就开始和集团的三位代表（德国区代理人、德国区总经理、集团陪同项目经理）开始谈合作。我将这个项目的情况做了简单介绍，阐述了如何管理项目、可能会遇到的困难，如何与项目经理、部门主管、用户以及外部程序员协作……德国区代理人打断我的话，提出一系列尖锐的问题："请你告诉我，你对这个软件有多少了解？你和这个制造商合作了多长时间？类似这样的项目你做过几个？"

客户先"买"销售，后买产品。

我做出战略性停顿，目光依次看向面前的三个人，然后平静地回答道："正如您所知，我没有接触过这类软件，也没有和这个制造商以及他的公司合作过，但是在座的各位，如果你们不相信我，就不会选择花费 1 小时 45 分钟的宝贵时间来听我说话。所以，我觉得我

① SAP 是 System Applications and Products 的简称，是 SAP 公司的产品——企业管理解决方案的软件名称。——译者注

们还是应该考虑一下什么时候开始合作，是这周一还是下周一？”说罢，那位代理人笑了。之后我就回家了。大约 25 分钟后，那位开发软件的企业家给我打来电话，兴奋地说：“泽梅尔洛特先生，我不知道你是怎么做到的！但是我们成功了！”至此，这个项目正式开始。仅 2014 年一年，这个项目就为我带来 15 万欧元的收益。这里我要说明一下，这个项目不是我的 IT 公司的项目，而是我名下咨询公司的项目。当时，由于我把大部分精力投入到咨询公司，我的 IT 公司几乎在独立运营。

我讲这些可不是为了炫耀，而是为了说明一个道理：就算你并不精通专业知识也没关系，大方承认，客户会因为你的坦诚更加信任你。但是，有一点我需要强调，我讲了这么多并不是在说专业知识不重要——专业知识也很重要。我在 IT 行业从业多年，拥有丰富的 IT 知识，这些知识对提高抽象思维能力和模型识别能力起到了莫大的作用，并且我还因此学会如何制订弹性计划。这些都是我可以成功谈成这个项目的重要因素。首先，我需要思考、了解这个项目，并根据我过往的经验想出能成功说服客户的策略。我还需要提前为一些突发情况作预案，比如像上面一样，如果客户突然提出尖锐的问题，我该如何应对才不会让订单泡汤。

掌握谈话主动权，会帮你获得客户的信任。获得信任是成单的重要前提。

这里，我想要提一下美国著名心理学家艾伯特·梅拉比安（Albert Mehrabian）的一项研究，根据这项研究结果，梅拉比安提出“7–38–55”定律，即一个人带给别人的第一印象，7% 来源于谈话内容，38% 来源于说话声音，55% 来源于肢体动作、面部表情和姿势。其实这也不是完全适用的万能定律。即使你非常勤奋地对着镜子练习肢体语言、面部表情管理，甚至能够让非语言表达所占的印象比例达到93%，但是如果你把这些技巧用在朗读电话簿上，那个画面想来也一定是非常滑稽可笑的；如果用在商业谈判中，或许会是另一番景象。我也很期待这样的技巧究竟会产生多大效果。实际上，梅拉比安对此进行了两项更为详细的研究，研究表明，“谈话内容”和“说话声音”并不能决定谈话效果，因为在只需要说一句话的情况下，说话者并不是靠“谈话内容”和“说话声音”表达意思，更多是借助肢体语言。例如，用非常厌恶的口气说“蜂蜜”（“Honey”）就是在特定情况下主要用非语言形式表达意思的一种方式。再比如，你如果辛苦工作一天，不期望你的同事再去你家打扰，你完全可以一边说“你能来我当然非常开心”，一边做出咬到了酸柠檬的表情，同样可以达到预期效果。因此，“7-38-55”定律并不能当成一般普遍定律来使用，所谓的印象比例并不能用精确的数字来衡量。事实上，即便是梅拉比安本人，也没有因此而使自己的生活更加幸福。

忘掉“7-38-55”定律，决定性的因素是连贯的、没有矛盾的沟通。

一件有趣的事情是：只有内容和形式一致时，我们才会选择相信。这也是一个无可辩驳的事实。所以作为企业家或者销售员，如果你想说服一个人，首先你自己先得相信自己提供的产品。如果你坚信自己的产品是好的，那么你自然能凭直觉做出正确的事，说正确的话，根本不需要借助肢体语言。事实上，如果你去卖热空气，单单训练肢体语言根本是徒劳，你需要的是以假乱真的演技。一个优秀的销售员要做到在任何时候都能心中有数，明白自己在说什么，以自己最好的状态去面对客户，表达要言简意赅，不要拐弯抹角。这些都是成功说服客户的最佳手段。同时，销售还要及时从客户的问题中辨别客户的信任度，客户问的问题越多，说明客户的信任越少。想要赢得客户的信任，不是要尽可能向客户解释更多细节，而是要展现自信（参见生存策略 29）。企业家要想从创业中得到个人的发展，就要充满激情、全心全意地去做这件事。只有这样，才能逐渐锻炼出内在驱动力、个人责任感、耐力、变通力和创造力等品质。

实践经验

在销售中，最重要的不是告诉客户他想知道的一切，而是让客户相信，你有能力在关键时刻解决问题。只有你意识到这一点，你才能做到。如果你到现在还没有意识到，就先努力消化这一点。一个企业家、领导者或管理者总是需要在没有掌握所有必要信息的情况下就做出“保险”的决定，你要适应这种角色，敢于独立做决策，并对自己做出的决定充满自信。

生存策略 19

从销售产品转变为服务客户

传统的销售模式一般都注重通过提高效率来提高销售额，增加利润。例如，一个专业的超市经营者会通过一系列布局提高营业额，从设计顾客行走路线、考虑视线高度，到计算顾客伸手拿货架商品的平均高度，每一个细节都要精心设计。

我们在生活中不难发现，一般超市入口处都会有一家面包店，散发着诱人的香气，再往里走就是五颜六色的果蔬，让人心情愉悦。那些廉价的无名产品，一般都在货架的最底层，需要顾客费劲弯下腰才能拿到。一些小孩喜欢的零食和精美玩具，会摆在收银区……除了超市以外，其他商品的销售也可能会采取同样的模式，比如瑞典的大型家具商场里，顾客在到达自己需要的家具专区前，需要先穿越一大片摆满了茶灯、植物、烛台等精美小商品的货架，很少有顾客能抵挡住这些小商品的诱惑，坚定地直奔家具专区。通过对销售场所内部的布局设计、提高效率和速度（如避免顾客结账时排队）等，传统的销售模式基本能实现提高销售量的目的。

事实证明，“开源”（提高销量）比“节流”（节约成本）更有效。提高销量可以从根本上解决利润问题，而节约成本能做的有限，有时候甚至还会起反作用。例如，一些商家为了节省 2% 的佣金，不支持信用卡支付。那么，对于那些习惯使用信用卡支付的顾客来说，除非买必需品，否则不会想去那里消费。确实有很多顾客出于各种原因不愿意用现金支付，有的可能只是因为想要通过线上支付获得免费航空里程积分[①]。

类似的情况还发生在惠普公司[②]。惠普每年在全球销售数百万台打印机，为了节省成本，公司决定取消随单赠送数据线的服务。乍一看，这可以为公司节省很多钱，但是客户却要因拿到机器后不能马上连接使用而烦恼。这种做法真的对公司有益吗？试想一下，如果你是惠普的客户，花了那么多钱买来了机器，却因为缺少一根数据线而不能使用，你会不会觉得很恼火？如果我是惠普公司的老板，我在说服客户、让客户满意上花了那么多心思，绝不会为了这点蝇头小利让之前的努力功亏一篑。

赚钱要靠“开源”（提高销量），而不是“节流”（节约成本）。

可以说，如何让店铺布局更合理、销售流程更高效，是每个企业

① 类似在中国用支付宝支付会获得蚂蚁森林的能量。——译者注

② 惠普（Hewlett Packard），是一家来自美国的信息科技公司，成立于 1939 年，主要专注于生产打印机、数码影像、软件、计算机与信息服务等业务。——译者注

家的必修课。通过合理设计销售店铺、优化销售流程，可以给顾客一个更加愉快的消费体验，并激发顾客的消费热情。除此之外，企业家可能会忽略非常重要的一点，那就是人的注意力往往会落在不同寻常的事物上。因此，他们往往会对店铺里的瀑布、人造河、冷室或品牌岛等特别的展览印象颇深，只要看到一次，他们就会一直记住。而有些店铺却忽视了这些“道具”带来的销售效果。其实，尽管这些“道具”看上去没有什么针对性，似乎并不是高效的策略，然而从长远来看，它们会带来非常大的销售量，甚至会吸引高消费力顾客。

只有效果超出预期时，顾客的热情才会被激发。因此，作为企业家，你一定要了解客户的期望，并努力为他们创造出惊喜的消费体验。与其说客户买的是产品或服务，不如说客户实质上买的是消费体验和消费记忆。当你发现了这一点，并将其传授给你的团队，内化运用，一定可以在提高产品销量方面打开新的局面。其实，仔细回忆那些时至今日仍令你记忆犹新的东西，你会发现，你当时会买那些东西，并不是因为它们的性能或者特点，而是因为你对卖给你东西的人有好感，你和那个销售员相处非常愉悦。因此，影响销售体验的因素其实在人而不在物。一个“压迫型”的销售员，即使言语中没有不得体的表达，也会让客户感受到潜在压力，使其消费体验非常差。那么，真正优秀的销售服务是怎么表现的呢？拿酒店的服务为例，聪明的经理会在客人到达前填好所有烦琐的表格，并按照客人的要求准备好安静的房间，在房间里放一些小吃。客人抵达酒店之后，经理会展现出最饱满的服务热情，让客人有足够愉悦的消费体验。这个经理很清楚，这样做远远要比消费积分更能获得客户的认可。这就是为什么一定要让你的员工认识到让客户满意的重要性，因为客户的

类似于林德曼效率，消费热情的传递也有损耗。激发顾客的热情，你得先激发自己的热情。

认可就是公司最好的广告，它会带来意想不到的附加效果，任何一个企业家都不应该吝惜在提高客户满意度方面的投资。

但是，要想做到不断激起顾客的兴趣，还真是一个巨大的挑战。为什么这么说呢？我举一个例子你就明白了。我平时闲暇时喜欢花时间研究历史或者去参观科学博物馆，我从来不去游乐园，也不喜欢坐过山车。但是，我去了洛杉矶的迪士尼乐园。当时有人劝我不必去，因为门票得花150美元，而且还有其他花销。他们不知道，我去那里不是为了玩，而是为了学习。我想知道迪士尼如何能做到让游客从入园到离开，一直保持愉悦的心情。我在迪士尼参加了一个叫“野生动物园”的游乐项目，我坐在船上，船夫按照固定路线划船，沿途会经过很多景点。在船上，船夫给我讲笑话，逗得我哈哈大笑。这次愉快的游玩体验还不是最让我着迷的，最让我着迷的是船夫的敬业。这里的船夫日日月月都在重复同样的路线，经过同样的景点，讲同样的笑话，做同样的动作，但是他们的热情丝毫不减。他们每个人都非常认同自己扮演的角色，觉得自己做这件事很快乐，每一次游览对他们来说都好像是最令他们兴奋的一次。尽管每个游客都知道这些都是排练好的“节目”，但是身处其中就会感受到前所未有的快乐和放松。他们迸发出的工作热情，让我非常惊叹。我非常建议你如果有机会也去看看。

“额外一公里”[①]的优势有限。

你可以想一想，如何给客户提供这样的服务。首先肯定得有合适的员工。中国人常说“和气生财”，获得客户信任有时根本不需要“额外一公里”的努力，一个微笑足矣。一个微笑，就能让你从众多

① “额外一公里”是指无论是营销人员、技术支持还是服务人员，他们想“多走一公里”，给客户提供更便捷、更贴心的服务。——译者注

竞争者中脱颖而出，迅速获得客户的好感。我要求我的员工接待客户时一定要说“欢迎光临”，很多人竟然不明白其中的道理，还跑来问我为什么这样做，这简直太可悲了。事实证明，做到这一点并不难，但许多企业家却忽略了这一点。作为企业家，如果你也想这么做，你可以发挥你的想象力，结合你的公司和行业特点，为不同的客户群体制定独具特色的见面礼。如果你是酒店老板，你可以给客户提供迷你酒吧消费券，或者赠送给潜在客户一个野餐篮。如果你是餐饮店老板，你也可以像麦当劳那样为儿童专门开辟一片游乐区……

关键是企业家要有创造力，要想到别人想不到的细节。大家都住过酒店，也都知道酒店的床底下并不总是十分干净。但是想象一下，你在查看床下时发现了这样一张纸条：

> 尊敬的客人：
>
> 感谢您的光临！
>
> 您的支持是我们成长的基石，您的满意是我们永恒的追求。我们将竭尽全力为您提供最优质的服务。
>
> 如果您对我们的服务有任何的意见或建议，请及时联系前台反馈。为了感谢您宝贵的意见，我们将为您提供美味的香槟。
>
> 祝您生活愉快、万事如意！

有些企业家或许觉得这个办法太愚蠢，不会有任何效果。但是其实你可以通过这种轻松愉快的方式有效控制客户的行为。很少有酒店会在客房放置这样的卡片，主动向客人征求意见，因此当客人在你的酒店看到这样的卡片，就会觉得很有趣，他们会在社交平台上分享这张卡片，如果刚好你够聪明，将酒店的名字和地址都印在卡片上，那么，这就是一次免费的广告宣传。

实践经验

我建议企业家有机会一定要去中国的集市上逛一逛。在那里，很多相邻的摊位上卖同品类的东西，你可以观察那些商人如何吸引顾客驻足，如何与顾客讨价还价，如何成交。那些多样的销售技巧，会给你极大的启发。我曾经遇到过一家卖毛衣的摊位，老板声称自己是祖传的手艺，世代靠诚信经营，并承诺他卖的毛衣 500 年质保，如果有质量问题，就是 375 年后回来找他换都没问题。这样好的质保，谁会不心动呢？还有一次，我跟一个商人为了几欧元反复讲价，双方谁都不肯让步，后来，那个商人想了想，决定用抛硬币决定听谁的。显然他很聪明，抛硬币至少有 50% 的可能结果有利于他。这样有趣的交易方式让我耳目一新，或许销售这个游戏本来就是东方人发明的。那么，你能想到什么新点子呢？不妨让你的团队也参与进来，集思广益！

生存策略 20

销售要清楚客户面临的问题

许多销售人员都会犯一个错误，那就是把销售洽谈变成一场“客户培训”。这是因为销售人员对这场谈话没有把握，本能地想通过不停地发言而阻止客户提出刁钻的问题，他们想用这种方法避免遇到他们难以解答的问题。或许这套策略在口语考试中很有效，但是在销售洽谈中却不管用，甚至会适得其反。有的销售员为了掌握主动权，会给客户看很多文件、宣传册和其他辅助材料，有的销售员还会提前搜索客户的网站或者浏览客户公司的宣传册。其实作为一个销售员，为了让客户更加享受与你的合作，做这些预备工作是必要的，让客户看你的宣传册或者相关材料也无可厚非。但是可悲的是，有些销售员做这些并不是为了给客户提供更好的服务，只是因为害怕客户夺走谈话主动权，抛出一些难题，让自己陷入被动的境地。

优秀的销售不会对着客户滔滔不绝。

之所以陷入上面的误区，是因为销售员没有认识到，销售其实是一场心理战。事实上，获得百万订单只需要一张白纸和一支笔。在谈话中，销售员要清楚记录客户目前面临的问题，他喜欢什么，不喜欢什么，他想改变什么，他的目标是什么，他的顾虑是什么，他有多少时间和预算。了解清楚这些，你就能清楚客户的真正意图，做出项目草案并再次向客户确认，渐渐获得客户的信任。这样，第一次洽谈就能够敲定订单，不用再大费周折给客户发邮件来回确认。获得订单就是客户给予的最大信任，而这种信任不是靠事无巨细的阐述赢得的，而是靠你在客户面前展现出的自信赢得的。

客户投资风险越大，项目后续运作风险越难以预料，你越不需要向客户解释太多细节。你需要自信且坚定地告诉客户："我了解这个项目的全局，请放心把一切交给我，我会负责处理后续所有问题。"就像我在生存策略 18 中提到的 SAP 项目，即使我没有充分的专业知识储备，我也可以用干练的形象和自信的表达赢得客户信任，拿下订单。如果你解释太多，不仅会使客户困惑，还会给客户留下不好的印象，让客户觉得你自己也不知道哪个解决办法更好，希望得到客户的建议。为了

不要拿烦琐的细节困扰客户，要用方案"俘获"客户。

避免这种情况，这里我可以给你三个建议：

建议 1：展现领导力

面对客户，最重要的是要让客户看到你的决心（参见生存策略 23）。销售一个复杂的产品或服务时，销售员要先弄清楚客户想要达到的预期目标以及客户想要实现这个目标的原因，然后明确向客户承诺自己可以做到，并向客户简单介绍一下实施计划。大多数情况下，销售员并不需要再展示更多细节。

建议 2：谈话主动权不重要

许多所谓的“销售秘籍”都在强调少说多听是一种智慧，因为人有一张嘴，但有两只耳朵，所以似乎这个策略很有道理，但还是要具体问题具体分析。如果你卖墙纸、盆栽或者婚纱，你需要多听客户的想法和意见，满足客户的需求，这没错。但是如果客户需要你给建议，这个时候你就不能继续“少说”了。如果客户想从你这里订购 IT 设备、现代化供暖系统或企业活动方案，那么客户通常不会在洽谈中高谈阔论，而是更希望你主导谈话，然后根据你的发言针对性提问，并希望你能制订出方案，用通俗易懂的话语讲给他听。这就好比你在楼梯间晕倒，你是希望医生用最简单的话语向你解释你的病情并立马开始施救，还是希望医生慢条斯理地问你一长串无关紧要的问题，白白耽误时间？当然，如果经常有不同的客户问你相同的问题，你可以为此专门制作一个问题清单，列出出现频率较高的问题和详细的解决方案，方便快速查找。有了这些合理

谁说的话有价值，就把时间交给谁。

的工作流程，客户就会认为你很有经验，也很专业，能够做好充分准备。

建议 3：客户提问是因为还不够信任你

一般来说，如果客户足够信任你，就不会追问细节。只有当客户不信任你，试图通过更多信息来判断自己是否选对了合作伙伴时，才会一再追问你更多细节。如何化解这个危机呢？那就是开诚布公地询问客户："看来您对这个方案还没有完全理解，请问您哪里有疑惑呢？"如果你刚好是客户接触的第一家合作伙伴，客户在你的带领下逐渐弄清楚项目的来龙去脉，这就会存在另一个风险。具体我会在下一节详细解释。

实践经验

在一些大型项目中，商业洽谈可能不仅是销售人员和客户的事，还可能涉及一个谈判团队。这个谈判团队会包括类似技术人员这样的人，因为对于一些专业的问题，可能还需要相关专业人员来解答，但这有三点弊端：

1. 面对一个人数较多的团队，客户会有心理压力，为了避免自己看上去不够专业，他们试图假装自己非常精通这个领域，这样，他们自然就无法毫无顾忌地谈论自己的担忧和以往的失败经历了。
2. 会给赢得客户信任、建立稳定的合作关系造成困难。让非专业的销售人员加入团队，会给洽谈带来一些困难。拿技术人员来说，他们往往缺少销售经验，不一定能达到预期的销售效果。
3. 技术人员精通技术问题，往往会把技术方面的细节详细地展现给客户，包括一些技术难题，这会让客户开始犹豫，为建立合作关系、沟通客户需求制造障碍，甚至直接导致洽谈失败。因此，我建议在与客户达成合作之后，如果有需要再让其他专业人员（如技术人员）加入，这样会比一开始就让他们加入效果更好。

| 生存策略 21 |

签约后再提供详细报价

面对面谈话的说服力更强。面对面的谈话中，销售员和客户有眼神交流，有肢体语言，客户的问题可以直接得到解答。同样，销售员也可以直接判断客户心理，及时想到解决办法，这些都是电话和电子邮件无法实现的。因此，我不建议销售员电话或者发邮件联系客户、商谈报价。尤其是标的较大的项目，这样做只会浪费时间，即使你很努力地跟进项目，也还是没办法有效推进。我建议你当面、有条理地和客户进行商谈，当然紧急情况下也可以通过视频会议商谈，最后给客户一个明确的承诺。不要先给客户报价，而是要先和客户签约，对于那些总是犹豫不决的客户，你要敢于替他们做决定。其实很多客户也非常乐意有人替他们做决定。为了可以成功引导客户和你签约，你需要做到以下三点：

1. 要跟客户确认需求，确保双方的目标一致。

2. 给客户现场提交一份解决预案，上面附有可靠的成本估算。作为销售员或者企业家，你要确保自己拥有足够的技术经验，对里面的核心数据和关键价格了然于胸。

3. 足够自信，相信自己的判断。对客户的质疑勇敢回击："如果您对项目的成果还有疑问，您可以提出来。"或"如果您还有疑虑，我现在就可以打电话让我的助理把材料送过来。"

许多销售员很难做到第三点，他们担心在最后一刻把事情搞砸，于是改说"我们可以把报价发到您的邮箱"。然后开始期待客户可以遵守承诺，拿到报价后按时签约。但是这种情况下，客户通常很少守约，或是因为有事耽误了，或是因为他们联系了其他供应商，也或许这个项目不着急推进等。即使这些情况都没有发生，客户回应了你的报价，在正式签约前仍旧会产生各种其他交易成本（参见生存策略 9）。虽然很多大公司都会有专人跟进潜在成交项目，但手握 13 个高成功率的订单，不如踏踏实实拿下两个正式签约的订单。

> 一个坚定的“不”好过一个模棱两可的“我再考虑一下”。

如果客户已经完全了解了我提供的方案，我更期待客户给我真实的回答，即便是拒绝合作也没关系，那也比模棱两可强。毕竟，“善意的谎言”不会给我带来订单不说，还会浪费我的时间和金钱。那客户为什么主动要求你给报价呢？原因有两个：

- 客户并不是很认可你，报价只是他委婉结束谈话的方式。
- 你没有帮客户解决他迫切关心的问题，并且从谈话中他判断你没有能力解决那些问题，他想要寻找其他的供应商。这也就是我为什么总说不要急着给客户报价。如果客户仍有疑问，你就要在谈判桌前把这些疑问统统解决掉，只有成功消除障碍，客户才能做出最终决定。优秀的销售员有坚持不懈的良好品质，所以上述做法会为你省去很多不必要的工作。想清楚这个问题，你的成交量就会突破瓶颈，稳步提升。

如果报价比较复杂，你无法立马给出，你可以按照客户的预期试探客户的意愿（“如果我们能把报价控制在您的预算内，是不是我们就能达成合作？”）（参见生存策略 29）。作为销售员你要注意，只有客户付费后你才能提供详细的报价单。我的 IT 公司有时会遇到很大的订单，需要制作详细的项目计划和实施方案，这不花半天的时间根本搞不定。根据项目计划和实施方案，可以推算出报价，客户完全可以拿着这个报价去跟其他供应商谈。为了避免这种情况，我们不会把方案直接“送”给客户。除此之外，方案也是我们衡量客户质量的手段。为了按照客户的要求做出方案，公司团队为此付出了很多努力，包括项目咨询、现状分析和报价预算等，如果客户一再要求修改方案而又不给出明确的理由，就可以拒绝合作，因为这样的客户很可能不是优质客户，继续浪费时间、精力甚至金钱毫无意义。尽早判断客户是否适合自己，也是销售员的必备修养，因为尽早发现，就能及时止损。

有些建筑公司会给销售员一些津贴，但是一流的销售员根本不需要津贴，销售本身就会产生利润，如果你了解交易成本，你就会知道，任何项目想成功都得提前规划，销售员提供的服务不是免费的，他要有能力说服客户为他的工作付钱。至于负责项目规划和准备方案的人如何提成，你可以去看看我的 YouTube 视频。总有人问我这样的问题，所以在视频中，我通过角色扮演的方式展现了每个员工如何参与项目分成，并对这类问题进行了详细解答。

实践经验

如果你到目前为止一直在给客户免费提供报价，恐怕你需要重新考虑是否要继续这样做。因为你提供的不仅仅是一个报价，而是你的团队针对项目精心设计的方案，为客户专门设计的创意，或者是为客户提供的专业化咨询，这些都是交易成本，不应该免费提供。

生存策略 22

利用好客户货比三家的心理

有些客户喜欢货比三家，甚至将其奉为圭臬，就如同西方的摩西十诫[①]一样。或许你能注意到，我在生存策略 20 里给出的也是三条建议和三条实践经验。“货比三家”有一定的道理，但与此同时，这可能也只是一种流行的模式而已。我们常用 ABC、XYZ、123 来表示三个供应商，客户手里一般都会有三份标书。但有一点恐怕是一些企业家没有意识到的：客户接触的第三个供应商通常更有优势。接下来我就来告诉你原因以及如何成为客户的第三备选，这些策略会帮助你提高成交率。

越晚接触客户，越容易拿到订单。

这里我还是想拿我 IT 公司遇到的一个项目举例，我不是在借此反复宣传我的公司，而是这个例子对于每个企业家来说都非常好理解。当时，公司遇到一个大项目（至于多大，取决于客户想要投资多少），客户找到我，因为他想换一家供应商，即便是不懂 IT 行业的人也知道这是一笔大买卖——将所有的服务器和工作设备全部更新，收益可想而知。一般来说，没有特殊情况，公司不会轻易换掉供应商，即使合作的供应商不能完全满足公司的要求，但是维持现状显然要比改变的风险更低。改变意味着需要承担未知风险，企业家一般不会选择让公司承担这种不确定性。为什么员工不想轻易换工作，政治家总能连任？也是同样的道理。因此在选择我之前，这位客户一定是经过

① 摩西十诫一般指十诫。十诫，是《圣经》记载的上帝（天主）借由以色列的先知和众部族首领摩西向以色列民族颁布的十条规定。犹太人奉之为生活的准则，也是最初的法律条文。——译者注

深思熟虑的。这一定是他面临重大难题被逼无奈做出的选择——“换一个更好的 IT 供应商”，购置新的服务器和客户端设备。由于长期以来跟上一家供应商的合作一直很稳定，做出这个改变对他而言是新的挑战，要面临很多不确定因素，因此他会很谨慎，不断要求了解更多的信息，以便判断他的投资能否获得预期收益，从而选择出最合适的合作伙伴。

第一家备选供应商需要为客户提供尽可能详细的细节，同时由于客户刚开始接触新的供应商，客户并不知道自己具体想要什么，这家供应商不光无法从客户这里获得有效的信息，还要回答客户所有的问题，并且花费大量时间为客户解释。谈话结束，客户学到了很多，但是这家供应商却相当于为客户上了一次免费的培训课——第一家供应商用 100% 的知识给一个什么知识储备也没有的客户上了一堂干货满满的扫盲课。但是由于客户在第一个供应商面前表现得太过无知，这个经历让他觉得自己很愚蠢，他不会再想见到第一个供应商，回味自己的愚蠢。他想要把这段丢人的经历抹除，避免在进一步合作中，对方拿自己当傻子，很少有人愿意承受这种压力。唯一的办法，就是换第二个备选供应商。

人总想避开比自己强的人。

在与第二个供应商接触时，显然客户已经有所准备。他用第一个供应商教他的知识向第二个供应商提问，向对方展示自己不是什么也不懂。这时他已经掌握了 50% 的相关知识，虽然与掌握 100% 知识的供应商相比还有差距，但是已经很不容易了，毕竟，供应商每天都在处理类似的事情，而客户只是隔几年才处理一次这样的问题。客户与第二家供应商洽谈时轻松多了，但是还是有很多问题弄不明白。虽然不再像和第一个供应商接触时那样窘迫了，但是每次洽谈还是有一种被人上课的感觉。此时，只要供应商能想办法得到客户的信任，基本上能够促成合作。

到了第三家供应商，客户已经相当熟悉这个项目了。对项目规划、投资预算、解决方案，以及旧系统如何换新系统、需要多长时间、要做哪些准备等基本问题都一清二楚，接下来，他会根据前两个供应商提供的信息来判断第三个供应商是不是个合格的合作伙伴，他甚至会建设性地提出新的见解。与第三个供应商的商业洽谈更像一场不同领域专业人士的技术交流，一切都在掌控中。在这种情况下，客户已经有能力衡量供应商，并与供应商一起完善方案。

因此，作为企业家，你要明白做客户的第三个备选是非常重要的。客户找到你时，已经有了专业知识储备，可以在不同的方案之间做出选择。更重要的是，只有当客户觉得自己能够掌控谈判的时候，他才会更加放松，更愿意做决定。这就是为什么，第三个供应商大概率会成为最后的赢家。

> 双方地位平等有利于提高成单概率。

实践经验

当客户给你打电话，告诉你他在找新的供应商时，你可以直截了当地问客户："您是否想要多咨询几家？"客户一般都会稍作犹豫，然后告诉你："是的。"你接着问："您打算咨询几家？"客户通常会告诉你："两三家。"这时，你可以请客户答应你一个请求，客户大多不会直接拒绝（我去过 26 个国家，见过各种各样的人，几乎绝大多数人都不会直接拒绝），而是会问你是什么请求，你说："能否跟我们预约至少三次洽谈。"这个请求并不难办到，客户也会毫不犹豫就答应。如果客户问你为什么要预约三次，你只要随便找个理由就可以，但是一定是要自信地告诉他，否则会让客户感觉不安。你甚至可以说数字 3 是你的幸运数字，听到这个理由，恐怕客户就会笑着跟你约定三次洽谈的时间了。

生存策略 23

与客户交谈要自信

多数销售培训师培训销售员的方式是：和销售员一起练习如何同客户说话、如何确定洽谈思路，甚至他们会给销售员一个固定的话术，让他们按图索骥。对于一个销售新手来说，在他们还没有销售经验，缺乏自信，无法独立摸索出自己的独特方式前，这个方式相当于给他们一个写好的剧本，他们只要按照上面定好的剧情去“演”就可以，这让新手有勇气坚持做下去。但是这么做也有一定风险，因为客户不一定按套路出牌，一旦客户没按剧本定好的剧情走，销售员就会陷入被动。

> 如果客户不按你的思路走怎么办？

说什么很重要，但怎么说更重要。华丽的辞藻、精心设计的说话技巧都不能打动客户，真正打动客户的是销售员说话有重点、有逻辑、有条理，并且语速适中、语气自信（参见生存策略 29）。如果企业家或者销售员对自己的产品充满自信，也相信自己有能力为客户解决问题，就能体现出最强的说服力。当然，前提是，销售员需要了解清楚客户的需求和目标。这些在第一轮商业洽谈中就可以得到。试想一下，如果你是客户，坐在你对面的销售员说话自信、语气平静、逻辑清晰、仪态端庄，你会不会不自觉地认为他很值得信赖？所以想要获得客户信任其实并不难，我举个例子：

我经常出差，参加研讨会或者讲座，需要住酒店。我经常可以不费吹灰之力在前台拿到两张房卡，甚至有一次，在不莱梅的一家星级酒店，我前后要到三张房卡。事后，我给酒店发邮件指出了他们存在的安全漏洞。那么，回到我刚刚的问题，如何成功说服客户呢？我也让参加研讨会的学员去找前台要房卡，很多人失败了，因为前台的服务人员要求他们证明身份，或者请他们说出名字。为什么我没有被问这样的问题呢？诀窍是：表现出绝对的自信，让他们对你没有丝毫怀疑。

> 大多数人喜欢跟有领导力的人合作。

这个技巧比较适合于销售。你越是自信，客户越愿意和你合作。一旦赢得第一个客户，就会有其他客户源源不断找上门，大家都喜欢和赢家合作——成功具有复利效应。这就是为什么刚开始接触客户时，我会询问客户"是否还咨询过其他供应商"，这个问题似乎有点挑衅，但是却可以帮助确认我身处的位置——我是客户接触的第几个供应商。一旦确认客户已经和两个供应商谈过，并且没有谈妥，而我是客户咨询的第三个供应商（参见生存策略 22），我就会抓住这个机会，向客户承诺我一定可以帮助他。如果客户笑了，说明我有机会！作为企业家或者销售员，自信是和其他对手竞争的利器，客户会被你的自信深深吸引。总之，这个方法我一直运用自如，但是这也因人而异。或许对你来说，还有更好的方法，你可以尝试找到更适合自己的说服客户的策略，关键看如何做能让客户在跟你接触时更舒服，你在和客户洽谈时更自信。许多人没有勇气做销售，认为销售这份职业充满不确定性，对此，我建议你不断练习、不断实践、不断积累经验，同时向优秀的销售人才学习，慢慢你就会对销售得心应手了（参见生存策略 25）。

真诚的赞美是打开话题的大门。记得有一次我要从纽约飞往法兰克福，去机场的路上遇上堵车，所以我到达机场的时间有点晚，可能无法像往常一样从容地选择一个心仪的商务舱座位（我喜欢我的邻座是空的）。于是我想了一个办法，我走到值机柜台前，对办理手续的女士说："在德国总是要排队，在美国却不用。很显然，美国的服务要比德国好太多，我总是很享受你们

> 事情光做还不够，还得找到好办法。

的服务。”那位女士很开心。然后我问：“能否帮我选一个邻座没有人的位置，我喜欢安静。”她快速在电脑上操作，几秒钟后，告诉我：“先生，您的座位选好了，整排位置都没有人。”这个经历告诉我，当你用心赞美别人，让他为自己的工作自豪，他就会更容易跟你达成合作。但是赞美也要合适，如果一个人不喜欢他家墙上那幅祖传的画，而你却说那幅画美极了，这岂不是“马屁拍在马腿上”？

如果客户是一个团队，你要注意照顾到他们每个人，让每个人都有发言的机会。因为他们既然是一个团队，那么每个人都有决定权。如果你对其中一些人不理睬，只专注于其中几个负责人，那么，那些人在最终决定合作意向时很可能投反对票。除此之外，在洽谈前，你要提前准备好明确的解决方案，并在会谈中表现出对客户极大的尊重和热情。注意不要死记硬背那些所谓的销售话术，而要根据实际情况及时调整，找到让双方都舒服的方式。会谈中要照顾到客户的情绪，对于客户不清楚的内容要耐心解释，不要一副说教者的姿态，让客户感觉受到了冒犯。销售要多跟客户交流，多多了解客户公司的状况、客户的目的、期望和他的担忧，如果你能让客户轻松告诉你这些信息，说明客户在跟你接触时感到轻松，你也极大可能获得了客户的初步信任，即使你是客户接触的第一个供应商，客户也有可能把订单交给你。简单来说，抓住机会拿到订单。

实践经验

客户一定愿意跟专业的销售员合作。什么叫专业？专业就是把复杂的问题简单化。也就是说，销售员要擅长简化问题，不仅能让客户明白，还能立马做出决定。不要在会谈中提及那些客户没有问到的事情，这样只会把事情复杂化。只向客户解释核心内容。订单没有成交前，销售员承担的就是顾问的角色，如果订单没有成交的希望，就不要浪费时间去做过多解释了。

生存策略 24

制定系统化执行流程

有些公司有时会出现这样的现象：公司的人力资源部门为了给公司注入新鲜的血液，辛苦寻找优秀员工，吸引他们为公司工作。经过考核、面试等一系列流程后，正式签订劳动合同，但是员工一旦“入职”，就标志这项工作已经完成，新员工被迅速抛之脑后，人力主管没有培训员工，也没有给新员工任何指导，等到员工第一天上班，HR 才意识到他的存在，但是依旧没有任何指示，让这个新员工刚入职半小时就忧心忡忡，担心自己是否哪里做错了。同样的事情也可能在和客户合作时发生。签约前，说得天花乱坠，一旦签约，无人问津，这种事情屡屡发生，客户的信任就在这种有头无尾的工作中逐渐丧失。“签约”意味前一阶段工作结束，新的阶段开始——企业家一定不要忽视签约后的工作。拿我自己来说，我将签约后的整个项目推进形成一个结构化的标准流程，一旦正式签约，拿到订单，后续流程就开始稳步向前推进，每个团队负责一部分。由项目负责人负责与客户保持实时沟通，负责处理一切问题；由项目执行人负责开展工作……而且，我非常追求速度，一旦签约，还没等我回到公司，我就会打电话通知团队开始工作，并要求他们立马给我发来一些我需要的资料，以便我能以最快的速度告知客户项目进度。客户会发现，把项目交给我之后，他可以完全放心地去处理其他事情。由于我将项目执行细化成一套标准的流程，我只需要负责拿到订单，之后的事情公司团队完全可以按照流程独立进行，这为我节省出很多时间和精力。

信任丧失殆尽，客户就会更换合作伙伴。如果客户找到你，你要抓住机会，拿出一个完美的方案，让客户耳目一新。

定时向客户汇报项目进程，一方面是为了客户可以准确知道项目实时进展，另一方面也方便指导客户同步推进项目，清楚告诉客户什么时间该做什么准备，这无疑会加深客户对你的信任。在这个过程中，一些客户非常重视的细节，如及时确认订单或及时回电话等，你要尽量做到让客户满意。尽管在你眼里这些细枝末节不值得小题大做，但是一切要以客户为中心，客户在乎的，你就一定要注意。否则，如果客户对此非常不满，甚至表示后悔合作，你之前做的全部努力都可能白费。

在首个订单签约后，企业家还可以想办法获得客户的下一个订单。怎么做呢？你可以逐步引导客户购买你的一整套系统化服务。既然客户决定更换供应商，那么他们一定是经历了一次失败的合作。在重新选择供应商时，他们一定会慎之又慎，这自然会延长决策时间。因此，作为企业家，为了尽快打消客户的顾虑，你制订的方案一定要十分精细，尽可能囊括客户关切的所有问题。比如，在第一轮咨询中了解到客户的基本需求和担忧后，销售一定要尽快拿出一个针对客户公司制订的完整分析方案，为客户详细分析他所面临的现状，此时，我们只出售一个问题解决方案。只是一个小小的方案，客户不需要花费太多，风险可控，客户自然愿意合作。之后，在具体实施方案过程中，你要向客户展现出快速、高质量的服务，甚至实现比预期更好的效果，而且价格也恰好控制在客户的预算内。这样，第一次合作你就成功收获了客户的好感和信任，为后期合作奠定下良好基础。接下来，你可以在项目质量评估会上提出当下的缺陷，建议客户购买配套服务，并准备好针对当下缺陷制订的进一步方案，争取当场就和客户签订新的合作意向书。

公司不可能迎合每个客户，有的客户根本不适合你，如果一个客户都不拒绝，那么你一定会遭受损失。

过去几年，我的IT公司新客户成交率达到90%，那些没有合作的客户是因为，在我看来，他们不是优质客户，所以我拒绝与他们合作。比如他们会要求我的技术人员在周末免费工作，我当然不会同意。过去几十年，我一直秉持一个理念：不做亏本的买卖。这是我保障公司持续盈利的不变准则。

不是所有的客户都值得合作，因此，不仅客户挑选你，你也要挑选客户（参见生存策略10）。我的IT公司致力于为客户提供最好的服务，这些服务当然不可能是免费的。因此，如果有人联系我，我会先将公司的合作条例和服务价格表发送给他。如果他认为合作条件太苛刻或者服务费用太高，我会建议他寻找其他的供应商，避免双方浪费宝贵的时间。只有他愿意遵守合作条款并支付相应的服务费用时，他才会成为潜在客户，并开始预约会谈时间。在拿到客户发回的详细资料后，我开始针对客户公司现状制订合适的解决方案，并在会谈时向他详细说明，当然，这项服务也是收费的。虽然我最初办企业的时候，看到很多其他公司免费提供咨询服务，我也学着他们免费提供咨询。我还见到有些公司，虽然会收咨询费，但是这些费用在正式签约后会用其他费用抵消掉。还有的公司只象征性地收取部分咨询费。我认为这种方式不可取，这会有损你作为企业家的专业形象。因此，后来我将咨询纳入服务，并收取合适的费用。事实证明，这种方式非常有效，多年来，我的公司一直都是这种模式。

拒绝免费咨询才是公司正确的经营之道。

我会在会谈中特意询问客户“您为什么一定要与我们合作？”，我这么问是有目的的。通常情况下，客户认为他们有绝对的选择权，只要他们给供应商订单，供应商一定会感激涕零，对他们百依百顺。但是，不管公司多厉害，也无法事事兼顾，因此优秀的公司一定会有所取舍，筛选出适合自己的优质客户。也就是说，不是谁都有资格和我的公司合作。这就会给客户传递一种信号：我的公司足够优秀，我也会挑选客户。这样，我的公司形象就会更加高大，对客户更加具有吸引力。客户为了成功和我合作，甚至开始推销自己，告诉我他是一个优质客户，极力劝说我跟他合作。当客户迫切想和我合作时，这笔订单自然非我莫属。

迅速签约是次要的，签约只是个形式（关于销售洽谈的详细内容参见生存策略 29），真正展现公司服务品质的是，如何在后续合作中满足客户需求，尽力提高客户体验。我公司的很多客户在和我合作之前都曾有一段失败的合作经历，他们厌倦了和上一个供应商合作时混乱的工作秩序。当他们与我合作时，发现我的公司是完全不同的服务模式，这种顺畅、高效、清晰的工作流程深深吸引了他们，只要跟我们合作，后续工作的所有环节都不需要他们操心，我们会全权负责，并定时向他们汇报工作进展和现状。因此，作为企业家，你要学会在咨询中为客户画蓝图，用美好的合作前景吸引他，然后告诉他，只要他与你合作，美好的未来就会成为现实。

你知道哪类客户是你的理想客户吗？如果不知道，先搞清楚这一点。

如何成功吸引客户是一门学问。公司形象直接决定客户数量和质量。如果你是顾客，看到一家门面灰暗，门口摆着一盆干枯盆栽的文具店，你愿意走进去消费吗？同样的道理，一个客户是否愿意和一家企业合作，在他初次看到这家企业时其实就已经有答案了。作为企业家，你要做的是努力提升企业的形象，同时不要忘记，优秀的企业一定具有排他性（如果客户想跟你合作，要预约咨询）。这种距离感会让客户觉得你很优秀，更加吸引客户。优秀的企业家不仅需要了解客户的需求和关切之处，还需要清楚自己需要什么样的客户。只有知己又知彼，才能有针对性地选择客户，然后为自己的潜在客户提供优质的解决方案，成功“俘获”客户。

> **实践经验**
>
> 企业家可以和员工一起制定系统化的工作流程。将整个流程写在大黑板上，将每个实施步骤都写出来，标清楚具体的执行时间、执行负责人。你也可以用不同颜色的标签进一步优化操作流程，针对一些重复性的工作或问题可以专门制作一个工作清单，方便员工随时查阅。将相同的工作流程化、系统化、标准化，能为客户、员工和你自己节省很多时间和精力。

生存策略 25

多向真正优秀的培训导师学习

如果你在谷歌搜索“销售研讨课”（Seminar Verkauf），会得到940万条结果（截至2020年9月），并且你能找到各种价位的销售技能课程。因此，原则上来说，短时间内找到一个销售技能培训师并不难。但是你要清楚，那些网上所谓的销售技能培训师不一定真的有资格教你。我倒不是说他们都是骗子，但是至少我认为，没有丰富的销售经验，只能照搬书本上的销售理论的培训师不是好的培训师。现在信息如此发达，各种销售类书籍、网络视频课程、互联网研讨会、讲座、播客等，到处都可以找到这种课程，但是如果你只学习理论，很难成为真正的销售人才，因为那些

> 你的销售培训师有真正成功的经验吗？

理论不足以让你应对千变万化的销售情景。一个研讨课，时长一天，学员只需要支付 100 欧元就能参加，讲师薪酬 1 000 欧元，听起来不错。但是如果这个讲师自己都没真正做过销售，你觉得你能从他那里学到什么有用的东西呢？至于他在课上传授的那些适用于所有情景的销售技巧，恐怕更是无稽之谈。当然，我不是说这个讲师是坏人，我只是认为这类人并不能让你成为真正卓越的销售员。

除此之外，还有一些所谓的销售专家，他们所传授的销售技能基于以往的销售业绩。听上去很有说服力，但是作为一个想要学习真正销售技能的企业家或者个人，你要分辨出他们的销售业绩到底从何而来。我曾做过一项简单的调查，结果显示，这些人曾经是某家大公司的客户经理，因此他们手里有大量长期稳定的客户，这些老客户每年都会带来大量的订单，有些客户甚至签的是好几年的长期合作协议。这些销售专家华丽的销售业绩由此而来。这些人没有多少面对新客户的经验，因此也不是合适的老师人选。那么究竟哪些人适合教授销售课程呢？我认为是那些从底层工作开始干起，经过无数次尝试最终独立成长起来的销售人才。这些人有丰富的实战经验，从接触客户到订单成交，他们对整个销售过程了如指掌，非常清楚什么办法有效，什么办法无效。他们不光有能力巩固老客户，还能开发新客户。如果你还没有销售经验，没有形成自己独特的销售风格，就非常需要向这些人学习了。首先，你需要了解整个销售流程。在将整个销售流程基本掌握后，你才能考虑优化各个具体环节（如何成单、如何推销、如何巩固老客户），这时，你就需要请教在某些方面有突出成就的销售人才。因此，如果你想向某个销售专家学习，我建议你先浏览一下他整个销售工作的相关记录，看看他是否既负责维护老客户，又负责联系新客户。因为作为一名销售员，仅仅拿到订单是不够的，还要做好售后服务，这样才能防止老客户流失（参见生存策略 24）。

今天，如果有年轻人问我如何才能以最快的速度学会销售，我会建议他们加入保险公司，参与保险公司全流程工作。因为这就是我学会销售的方式，加入保险公司对我帮助极大。销售是保险公司的重中之重，保险公司的员工几乎每天都在接触新客户。他们的员工需要不断学习如何通过线上活动、线下活动、电话和邮件与客户建立联系，还要学习如何进行销售会谈、如何成功把保险卖出去。公司会为他们设计一整套标准工作流程，对于刚开始卖保险的员工来说，这套标准化的流程可以帮助他们迅速进入角色，然后不断在实践中锻炼，直到他们可以独当一面。公司会对员工进行话术培训，如何与新客户交谈，如何给客户打电话预约时间，这些对于新员工来说都是不小的挑战。公司会为他们举办“电话聚会”，因为给熟悉的人打电话更容易，以此逐渐培养出员工电话沟通的能力。此外，为了提高销售业绩，保险公司还会定期组织强化培训。公司的部分领导会参与这些强化培训，向员工传授经验。如果你认识这些领导，你就会发现，他们会愿意把自己知道的东西无条件分享给自己的员工，因为员工快速成长意味着销量增长，这对他们来说有百利而无一害。因此，他们非常乐意帮助员工成长。

成体系的“销售课”最管用。

我认为，这种系统的“销售课”非常管用，为此我还建议我的堂兄妹去那里兼职，学习销售技能。我告诉他们，如果能学会销售，我愿意付双倍的薪资雇用他们。因为我坚信会销售的人一定会拥有美好的生活。我希望每个人都能学会销售，包括我的家人。

如果你已经不再年轻，没有那么多时间通过做兼职学习销售。我可以给你另外一个选择：向知名的销售专家学习，或者阅读经典的相关书籍。比如金克拉（Zig Ziglar，国际知名的演说家、作家及全美公认的销售天王，也是最会激励人心的大师）、博恩·崔西（Brian

Tracy，美国首屈一指的个人成长专家，在成功学、潜能开发、销售策略及个人实力发挥等方面都有独到见解）或切特·霍姆斯（Chet Holmes，被誉为全美最优秀的企业成长专家），他们写了很多书，也有一些音频和视频课程，你可以从中学习他们的宝贵经验。你可以规划出一段时间对销售进行系统的学习。但是如果你想针对某一环节深入学习并运用到企业管理中，你需要寻求相关专业团队的帮助，并和他们一起优化实施方案。虽然聘请专业团队成本较高，但是这比你去参加那些研讨会更有价值。你想想，花一笔钱用来优化公司的销售流程，哪怕只是一个小小的改变，但是你可以因此每周多拿到一笔订单，一个月就是 4 笔，一年就是 48 笔，不划算吗？

> 对于销售培训课，不要在乎花多少钱，关键看它能不能为你赚钱。

销售是一门不断发展的学科，即使是专业销售员也需要不断学习。如今我经常奔波于世界各地，每当遇到顶尖的销售专家，我一定会积极向他们请教。有一次，我参加了一个顶级销售专家的培训，他曾在一次活动中做出了几百万的销售业绩。那次培训有一个环节是售卖相机，参与培训的人要在承受极大压力的情况下，成功把相机卖给他。这样做的目的是让参与培训的人锻炼出沉稳的临场应变能力，能在高压环境中让自己冷静运用说话技巧。此外，刻苦训练，才能让实战更轻松。那些不断学习，始终追求更好的结果的人，一定会在某个时刻成为最优秀的人。

实践经验

只会灌输理论知识的人不是好的销售培训师，真正好的培训师有丰富的实践经验，他可以现场演示如何进行销售，并亲自示范如何处理突发情况。一个真正的培训师不会害怕学员给他出难题，他会一路指导你，并为你不断优化技能。他甚至会冷不丁“刁难”你一下，让你随时记得如何处理突发状况。

生存策略 26

刻意练习，但别拿客户练手

世界级球员每天都会训练，有时一天要训练两轮。尽管已经达到很高的水平了，他们仍然不敢放松，就好像他们必须学会所有技巧才行。而业余球员一周才训练一次，比赛也被他们视作训练，他们认为上场打球是最好的训练。在商业领域也是这样，专业和业余的区别一目了然。如果你想在顶级的“比赛”中获胜，就需要像专业球员那样不断练习。

> 想要成为一个优秀的销售，就要坚持长期练习，直到自己不再犯错。

而销售员相当于点球员。当然，为了获得更好的业绩，从通过营销创造需求、联系客户到销售、签约，公司需要合理安排整个工作流程。无论如何，销售是企业的核心，它决定企业的资金来源，有了资金，企业才能顺利运转、不断发展，企业家才能有相对自由的决策空间。为了提高企业的销售能力，企业家不能故步自封，要定期参加培训，接受新鲜理念和知识，紧跟市场变化和行业趋势，以便自己能及时抓住机会，快速反应。平时下功夫不断练习，关键时刻才能临危不乱。平时不断积累相关知识，不断练习销售技能，你才能在有压力的场合仍镇定自如。而那些不注重练习的人，即便没有压力，也未必能轻松搞定销售会谈。

在我的研讨会上，我有时会遇到一些学员，他们告诉我他们的业务都涉及哪些产品和服务，我问他们最近一次参加研讨会是什么时候，他们说 3 年前，甚至有的说 5 年前。我会一一询问他们参加此次培训的目的，为了给他们提供有针对性

> 不是每个客户都能给你第二次机会。

的培训，我会把他们的期望都写在我准备的活动挂图上。每每听到他们的期望，都令我十分震惊，因为我觉得作为一名销售员，怎么能隔这么久才培训一次？这样低频率的培训怎么能让自己成为一名优秀的销售员！这就好比如果你需要做阑尾切除手术，你希望用最先进的麻醉剂，这样副作用就会最小；如果没有其他并发症，你希望采用“微创”手术；你还希望……但如果主刀医生对这些先进的医疗技术一无所知，你还会选择他吗？一位优秀的医生一定会利用所有进修的机会（包括假体制造商组织的培训），让自己尽可能多地接触最前沿的医学知识和技术，这样他们就会更专业，能够给病人提供最理想的治疗方案。

想要成为一名优秀的销售员也应如此，将技能培训作为一个长期奋斗目标，不断练习，直到自己不再犯错。但是很多人都没意识到这些，总想一口吃成胖子，结果可想而知。德国联邦国防军经常采用密集型演习训练士兵，很多人认为这很“残忍”，但是其实这是保护士兵生命最好的办法。这种密集型演习能够提高士兵在极端条件下的战斗能力，只有士兵学会如何在战场上正确使用武器，他们才能保护自己和战友的生命。如果你不是真心想学习销售，那么偶尔在接待客户时练习一下就足够了。但是如果你想认真学习，让销售成为你的核心技能，那么你就需要加大训练强度，通过视频课程学习，然后不断尝试高压训练，在每一次接待客户前都做好充分准备，让自己以最佳状态面对客户。不是每个客户都能给你第二次机会，所以你一定要抓住第一次见面的机会说服他，否则你很可能错过这个订单。销售技能是销售员的核心能力，如果你没有这种能力，你很难在这个行业挣到钱，同时你的职业生涯也会受到很大的影响——公司不可能会长期聘用一个不专业的销售员。同样，如果你是企业家，你的公司也可能面临危机。

找到合适的培训师、学习销售，这并不难（参见生存策略 25）。但是除此之外，关键在于不断练习。你要不断训练销售话术，并注意收集反馈，找到自己的不足，考虑如何改善和提高。你要学会区分客户类型，正确解读客户信息，掌握不同的成单技巧。你要将这些内化于心，将所有的技巧练到形成条件反射，就如同你摸到一块滚烫的铁板，在大脑还没反应过来你就把手抽回来一样。一旦形成条件反射，就说明技巧已经转化成能力，成为你的一部分，即便晚上没睡好，也丝毫不会影响你的战斗力。娴熟的销售技能会让你更加善于抓住机会。越是努力训练，大脑越是能自如应对不同的客户，这对销售来说很重要，因为优秀的销售员一般都是独立面对客户。拥有卓越的销售能力，他们才能主动掌握销售会谈的节奏，并且有信心处理任何情况。信任是赢得客户的重要前提，销售员有自信，客户才会给予信任。如果销售员自己都没有信心，如何能打消客户的疑虑呢？因此，销售员要不断充实自己的专业知识，提高专业素养，让自己由内而外散发出自信的气质，让客户相信自己。

即便你已经成为业界顶尖的销售专家，你也要怀揣“我只是第二”的心态继续虚心学习。

你要每天都练习，不断提高能力。练得越多就越自信，有自信的人敢于接受新挑战，不会惧怕客户“刁难”。我对于自己的销售能力非常自信，几乎不会遇到难以解决的问题，更不会害怕客户突然抛出难题。所以，在研讨会上，我一般会亲自示范如何面对新客户或者现场演示如何解决突发情况，以我的能力，我能够轻松面对新客户，对于突发情况也会冷静处理，根本就不会让局面失去控制，这不足为奇。很久以

训练销售技巧，意味着找到最适合自己的销售风格。

前，我帮一家公司做宣传，公司承诺如果能够拿到订单就给我丰厚的提成。其实我并不在乎提成，我答应做这件事是因为我看重这个培训机会，因为想要达到宣传效果，我需要负责打约 650 通电话，如此大量的练习，任何一个人都能渐渐克服面对新客户的紧张情绪。而且这 600 多通电话有各种不确定性，有的难度大，有的难度小，有的客户要求低，有的客户要求高，有的客户说话十分直接，而有的客户表意模糊……如此丰富的实践机会让我有机会尝试各种不同的办法，并摸索出有效的手段。对于新手来说，进行如此系统的训练非常必要。

每个人都要找到自己的销售风格。销售员这个角色不是要按照固定不变的剧本来演，不同的人可以有不同的演出方式。如果你生搬硬套一个不适合自己的剧本，你一定会犯错。销售要从实际出发，结合自己的特点，找到属于自己的销售风格，即便是“演出”也要尽量真实。虽然再好的销售也需要经过针对性训练才能练就这些技能，但如果这种训练能融合个人风格，效果会更加明显。

实践经验

关于真实性，我还想补充一点：在一些销售书籍中，即使客户并不认同企业，优秀的销售员还是能说服他合作。作为企业家或者销售员，你需要考虑这么做是否有意义。如果你想和客户（不论企业还是个人）达成长期合作，通常在经过 2~3 次合作后，客户就会认可你，并愿意长期合作，但如果合作了很多次，客户还是不认可你，那么你就要考虑继续合作是否有意义。更糟糕的是，如果他把你推荐给其他人，而那些人在跟你合作时同样问题重重，这无疑会增加你的工作量和成本。

| 生存策略 27 |

把时间花在重点客户上

有些人会觉得自己每天都在接触客户，相当于每天都在练习，不需要专门参加培训。如果客户不选择和他们合作，那是客户目光短浅，错不在他们。人们往往无法客观地审视自己，错误都是别人的，功劳永远是自己的。但是，成功的企业家不会这么想。成功的企业家决策依靠事实，而不是所谓的固有观念。他们会计算成交率，即打多少个销售电话或者接触几个客户能成交一次。一些企业家不善于优化销售流程，他们根本不知道自己的成交率究竟是多少。有些人就算知道成交率，也没有相关参照来衡量自己的成交率是否足够高。

我从事多年 IT 行业，认识很多 IT 行业的人，他们在技术上无可挑剔，但是销售能力不佳。每个人都有不同的专长，他们的专长在技术，不在销售，因此缺乏一定的销售能力对他们的影响也不是很大。新的《通用数据保护条例》（德语缩写为 DSGVO）[①] 出台前，他们中很多人只致力于为中小企业提供数据保护解决方案，这是一笔很大的收入，因为几乎每个公司都需要一个数据保护方案，只是公司规模不同，方案制定的要求就不同而已。他们负责企业的数据保护，并定期获得报酬。在 2018 年 5 月《通用数据保护条例》生效前，这是一个巨大的市场，数据保护技术人才供不应求，IT 企业根本不需要费力寻找客户，客户会自己找上门，IT 企业甚至可以自主挑选想要合作的客户。我的 IT 公司不涉及这类重复性

以事实为依据。

① 该条例于 2018 年 5 月在欧盟成员国统一生效，旨在加强对个人数据的保护。——译者注

的技术类业务，因为我更想提供高层次的公司业务优化服务。但是我很关注这类企业的成交率，据说他们的成交比例一般是1/3，也就是每见三个客户，就能拿到一个订单，至于其他两个客户为什么拒绝合作，他们也不知道，甚至觉得我问这个问题很奇怪。

我并不觉得我的问题荒唐，如果平均联系三个客户就能得到一个订单（参见生存策略22），成交率是1/3，这不过是平均水平，理论上，通过投骰子选择客户也能达到这个成交率。当然，你也可以完全凭兴趣选择客户。但是，作为一名成功的企业家，你不应该只关注眼前的得失，而忽视公司长远发展。不要觉得拿到订单是顺其自然的事，根本不需要在学习销售上进行投资。实际上，刻意练习和顺其自然之间有很大的差别。训练更多、准备更充分的人明显会拥有更多机会，也更容易成交，销售额更高。

许多人没有这么做，有很多原因。有些人自欺欺人，觉得自己已经很不错了。更多的人则对销售这一职业有些疏远。尤其在德国，这种傲慢的偏见比美国更甚。我认识很多企业家，也在很多活动中接触了大量创业者，他们中很多人都不擅长销售，并且也不重视这个问题，他们永远都觉得还有比销售更重要的事情要去做。他们不仅没有把握住这个决定公司生死的命脉，而且明知道有问题也不去纠正。许多企业家努力工作，收效却甚微。有些人甚至都不知道，自己付出那么多但其实没赚什么钱。原因很简单，因为他们忙于各种事情，根本没时间停下来反思自己、找到错误并及时修正。我对此深有同感。我刚开始创业的时候，早上5：30起床，6：10开始回复邮件，7：15见第一批客户，然后开车去拜访其他客户，直到晚上5：30我才回家，花一个小时吃饭并简单休息一下就又要投入工作。因为我得在晚上把白天收来的电脑维修完，第二天

做得多，不代表就能成功。

准时送回。一般我会工作到晚上 11：30。这样紧凑的工作日程，哪里还有时间去反思、调整？所以有些企业家，想等赚够钱再去提升自己，遗憾的是，这个想法根本就是错的，约翰·戴维森·洛克菲勒（John Davison Rockefeller，美国慈善家、资本家）曾说："如果一个人整天工作，那他哪有时间赚钱。"况且，你也需要偶尔歇一歇，给自己的大脑充充电，这样你才能做出清醒的决策。

那么如何做才能提高成交率呢（见下图）？

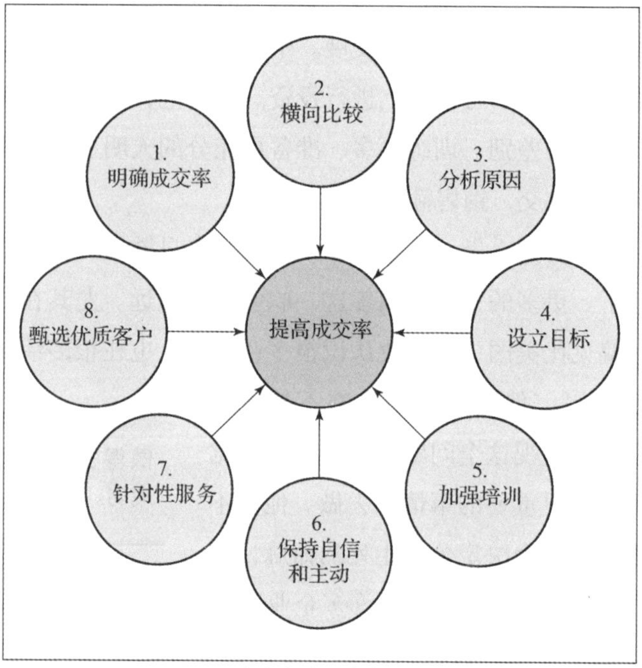

如何提高成交率

具体说明如下：

1. 明确成交率：想要做出改变，你得先弄清楚状况——计算出成单量和接触客户的比例。你可能会发现，以往的想法是错的，公司其实没有那么高的成交率。如果成交比例是 1/3，那么你有很大的改进空间——无效客户太多。这也是我在为企业培训时经常见到的状况。

2. 横向比较：看看同一地区内，同行业中同品类公司目前达到的成交率是多少，要以行业专家、行业协会、行业杂志或者其他权威人士提供的数据为准。

注意：和别人一样不代表你可以放松警惕，因为和别人一样意味着随时会被超越。

3. 分析原因：回看公司接触客户的整个流程，反思自己为什么会错失客户（参见生存策略 24），找到自己的不足；检查自己是否在客户管理上有所欠缺，如没有继续追踪潜在客户、首次洽谈没有结果就不了了之、产品或服务有问题等；关注售后服务，如客户为什么终止合作。除了企业内部自查外，你还可以进行客户调查。客户调查怎么做？你可以看看我的 YouTube 视频。

4. 设立目标：有目标才有方向。你可以制定一个宏大的目标，比如成交率提高 20%，然后定时检查进展（最好是每天都检查），看看一段时间后会发生什么。

5. 加强培训：请有经验的人培训你或者你的员工（参见生存策略 25），并让教练持续监督，以便及时纠正错误，实现快速成长。你可以先在公司组织一场为期一天的培训，之后结合线上、线下两种方式定期强化培训，这样效果更好。

6. 保持自信和主动：无论是你还是你的员工，面对客户一定要自信，并且掌握谈话主动权。为做到这点，作为老板，你要善于识别员工的才能，只有那些真正有销售才能的人才适合开发客户，不要让办公室的文员跟客户谈判。

7. 针对性服务：一些企业每天耗费大量时间和精力为客户制定产品或服务，但是实际上拿到的订单却寥寥无几，实在是白费心力！因此，公司要认真甄别客户类型，找到适合自己的潜在客户后，再花时间提供服务。不要以为将服务或产品方案摆在谈判桌上，客户就会买单。有些客户要求你提供方案并不是想买产品或服务，而是想比较报价，或者纯粹因为对你不再感兴趣，找个理由搪塞过去而已。

8. 甄选优质客户：决定公司命运的不是客户数量或订单数量，而是客户的购买潜力，也就是优质客户。因此，你的理想客户是什么？你需要考虑清楚。

根据帕累托原则，20% 的客户带来 80% 的销售额。但是，如果这 20% 的客户不是你的理想客户，他们反而会带来 80% 的烦恼。

实践经验

不要急于给客户看方案，要先拿下订单，这才是销售谈话的目的。因为一旦形成方案，你就得马上执行。我曾经要建造一座房子，几个承建商花了几周时间为我设计施工方案。我想在书房安装一台静音且高效的空调，于是我去询问空调销售员，想知道这样一台空调要花多少钱，结果他说“我需要先给您一个方案”，这个方案，我等了整整十天。原因是他需要为很多客户提供方案，而我的方案周末才有时间开始做。他来安装空调时，我问他业务成交率是多少，他回答：“15%。”通过这个例子你会发现，贪多嚼不烂，与其像仓鼠一样拼命“屯粮”，不如多费点心思在更重要的客户身上。

生存策略 28

不要急于让新手接触客户

从新冠疫情暴发，“不确定性”成为企业发展面临的最大难题。但是在我看来，比起这种危机，没有好的销售员才更危险。除了那些受疫情影响严重的行业，如航空公司，其他公司只要业务够好，就不会找不到客户。如果难以重拾自信，这对销售员的职业生涯来说简直是致命弱点。自信来源于两方面：专业能力和个人形象。我已经不止一次强调这两方面，因为它们真的非常重要。良好的个人形象是成功赢得客户的关键。自信传达出的是安全感，如果你无法给客户安全感，即使你的产品或服务很适合他，也不会有人愿意买单。所以，一个销售员一定要有获得客户信任的能力。要想让客户信任，除了娴熟的销售技巧，最重要的就是坚定的信念——相信自己的理念、产品、报价是为客户量身定做的。某些方面有所缺失并不影响大局，但有些因素如果没有考虑到，后果很严重，比如专业知识。

销售员是唯一能让客户掏钱的人。

任何事物，只有弄清楚原理，运用起来才能游刃有余，销售也是这样，只有你学会它，才能走向成功。就如同我前面所说，企业家或者销售员不需要向客户展示详细的专业知识，但是这并不意味着专业知识不重要，可以不用学。拿微软公司的德国区老总来说，虽然他不是微软公司的董事会成员，但是他手里掌握着庞大的德国市场，你能说他是无足轻重的人吗？我认为，任何一个企业家都需要有扎实的专业基础，因为只有这样，你才能清楚地知道自己应该跟客户说什么，如何给客户量身定制针对性方案，在客户疑惑时如何运用专业知识打消客户的顾虑。拥有专业知识，才能很好地理解客户需求，避免客户被一大堆技术难题吓跑。德国有句老话说得好："技术'白痴'一定会吓跑客户。"专业知识扎实的人，头脑清醒，自信果敢，知道什么时候该说什么，任何难题都能从容应对。

只有骗子才会销售他们根本不了解的东西，好的销售员一定对自己的产品了如指掌。在生存策略 25 中，我建议企业家或者职场新人去保险公司学习经验，因为那里结构化的销售工作可以让人短时间内学到很多东西，快速成长。但是，有一点你要注意，有的保险公司会运用多层次市场营销理念（不断招聘新员工，经过简单培训就上岗，他们几乎不筛选员工，对他们来说知识不重要，重要的是员工能否机械地执行固定的工作流程），他们告诉员工“客户赚了钱，你才能赚到钱”“不去接触客户就没有合同”，这些是陷阱和假象，你要仔细甄别。这些公司会在公开招聘会上招聘很多年轻员工，然后依据公司的定位和目标开始培训员工，这些员工很快就能接触客户，因为所有的销售流程都是固定的，他们只需要把相关材料拿给客户看，做一些简单的介绍就可以。即使这些员工没有专业知识储备，也能轻松完成销售工作。但如果遇到难题无法解决，或者遇到强大的竞争对手，他们立马就会手足无措。我以前遇到过一家大型投资咨询公司就是这样。

对自己、产品、服务和公司，要充满自信。

我的第一个大订单就是因此丢掉的，后来我发现，公司坚决不能使用这样的销售模式。那一次，我跟客户一次性签订了好几份合同，而且每一份合同都是我根据客户要求拟定的，并得到老板同意。我非常确信我为客户提供的方案非常完美，但不久后，客户打电话来，说另一家公司完全推翻我的方案，给了他一份更好的方案。我不相信这是真的，方案是我跟老板一起敲定的，怎么可能有问题？于是，我跟客户以及对手公司约定时间见面商讨，并且要求我的老板也参加。但是老板不想出席，他把相关资料发到我手机上让我代为转达，可想而知接下来的谈话对我来说是多么大的灾难。面对客户的质问和对手公司的刁难，我惊慌失措，语无伦次。这个经历让我深刻感受到一个销售员对自己的产品失去信心是多么可怕的一件事。同时，如果员工对老板失望，对公司也是致命的。那场会谈的结局想必你也猜到了，我失去了客户的信任，订单被竞争对手成功夺走。从那时起，我决定再也不做我不熟悉的事情。经过多年深耕，如今我已经积累了丰富的经验和专业知识，在我从事的领域游刃有余，再也不需要标准化的销售手册、统计数据和表格了。每一次接触新项目、新客户，我都信心满满，我的业绩也稳步提升。

实践经验

在没有做好充分准备前，我建议公司不要急于让新手接触客户。一方面，新手经验不足，会给客户留下不好的印象；另一方面，这种拔苗助长的行为也不利于年轻人成长。

靠运气进行销售，风险太大，一旦失败，就会让这些年轻人产生挫败感，加重不自信。企业家应该精心培养他们，用过往的成功案例一步步引导他们成长。

生存策略 29

全面消除客户疑虑

一家金融服务公司的负责人找到我，委托我为他们培训，因为他们的成交率总是达不到预期。这家公司在销售环节分为两轮。第一次会谈，他们会全面分析客户公司的财务状况，制定初步意见。第二次会谈，他们会给出合适的解决方案，以改善财务状况。但是通常第一次会谈后客户就拒绝合作了。原因在于，第一次会谈内容太多，太复杂，一般都得持续两个半小时，这会让客户感到疲惫不堪，再也不想继续谈下去了。人的注意力是很短暂

> 一头雾水的客户不会买单。

的，因此在与客户商谈时，一定要精简内容，尽量不要一次性涉及太多内容，让客户觉得压力很大。如果实在不行，可以分成几个时间较短的会议，保证客户能精力集中，听懂你讲的所有内容。毕竟，客户不会稀里糊涂就买单。把客户咨询的内容简单化、系统化，以客户能够理解的方式讲给客户听，可以大幅度提高成交率。

循序渐进更节省时间。如果你第一次见面就想讨论完所有的事情，然后把方案通过邮件发送给客户，通常不会得到你想要的结果。就算你努力跟进，也无法顺利拿下订单。尤其是投资风险较大的项目，绝对不可能发几封电子邮件就谈成。销售员要花时间和客户面谈，当面讨论方案，回答客户的问题，直到打消客户的全部顾虑。这一整套流畅的工作会给客户留下深刻的印象。有些销售员为了追求速度，第一次见面就把一切能想到的都交代给客户，随后用电子邮件推进工作。或者他们这样做也是为了避免经常和客户见面，被客户的问题难倒。结果可想而知，他们一次次给客户打电话，一次次遭到否定，直到客户最后明确拒绝合作。

销售的核心在于，将复杂的东西用最简单的方式展现给客户。如果我想让客户购买我的 IT 设备，我不会给客户讲内存、硬盘空间、网络……这些技术术语对客户来说非常枯燥乏味，而且难懂。我不会问客户“是否需要终端服务器？”，我会问他“是否想实现居家办公？”，如果客户回答“需要”，我会直接告诉他“好的，我会帮您实现”，而不是向他解释终端服务器如何实现支持家庭办公。其实，客户想要的只是结果，至于过程，那是我的事情，只要确保我正确理解了他的目的并给出他认可的解决方案就可以。如果问还有什么是客户会感兴趣的，那就只剩报价了。有些销售员总想让客户知道一切细节，这就好

> 经验丰富的销售员会用美好的合作前景打动客户。

比旅行社推出一项珠穆朗玛峰的探险旅行，如果旅行社告诉你，从一个露营地攀登到另一个露营地特别复杂，晚上不得不在空瓶子里小便，必须在黎明温度极低的情况下离开营地，如果穿错鞋会很危险……你还想去探险吗？但是如果旅行社告诉你可以站在珠峰上俯瞰世界，并且表示攀登珠峰并不难，不会有危险，你是否立马就蠢蠢欲动？

如果客户说："我再考虑一下""我需要跟XY商量一下"……说明客户还没有想好，如果客户不打算和你合作，他会这样说："说实话，听完您的解释，我依旧不是很理解。我对今后的合作前景没有把握，不知道会不会实现预期目标。您讲了很多，对此我非常感谢，但是很抱歉，我必须说，这并不是我想要的。我需要重新找一个更适合我的合作伙伴，感谢您花费宝贵的时间。"

当客户说"我想再考虑一下"的时候，他的真实想法是什么？

如果客户没有明白，也不要担心，这种情况很常见。你可以适时询问客户哪里不明白，尽量用简单的话语解释给客户听。在谈话时，避免使用高深难懂的技术术语或者提及复杂的细节，把重点放在结果上。至于如何做到这些，这里我给出三条策略。

策略1：提升专业形象

你知道幽默作家Loriot（真名Vicco von Bülow，是德国著名的演员、导演、作家，Loriot是德国人对他的爱称）的滑稽剧《面条》吗？一个人对心爱的女子表白，女子打断道："你先别说话，亲爱的。"女子注意到男子脸上粘着一根面条，"你脸上有东西。"我讲这个故事是为了告诉你，作为一个企业家或者销售员，你一定要表现出专业的职业形象，否则客户的注意力只会被你身上的“面条”吸引走。如果你穿着米老鼠袜子，就不要搭配蓝色工装。也不要像我曾经遇到的一个学员，左手腕戴劳力士，右手腕戴运动手表，如果需要记录 GPS、步数和卡路里消耗值，那块劳力士完全多余。否则，客户全程都在看你的米老鼠袜子和劳力士手表，根本不会注意你讲了些什么。

策略 2：关注客户目的

老话说得好，人们买钻头是为了在墙上打洞。知道道理没有用，你得会用。也就是说，就像前面珠峰的例子，客户的目的是为了放松，那么你就要着重介绍珠峰的美丽风景，而不是攀登珠峰多么危险，而且你要确认客户是只想去攀登珠峰，还是乞力马扎罗山或马特洪峰也可以。除此之外你要了解清楚，客户为什么选择计划 A 而不选计划 B？客户的预期方案是什么？为什么他对现状不满意？对他来说什么更重要？了解清楚这些信息后，你就可以开始为客户制定完美的旅程了，并引导客户去幻想这趟旅程结束后，他的生活会发生什么样的改变。一旦他对未来充满希望，你就成功激起了他的购买欲。

策略 3：优化销售流程

只有当你拥有一个成熟完备的工作流程，产品销售的各个环节才会得到系统性优化。如果销售会谈前不事先准备，你就会像一个漂流瓶一样，把自己的命运交到别人手中。许多人单凭自己“会说话”，没有经过任何培训，就开始干销售。

结构化销售可以提高成交率。

这些人虽然没有专业的销售知识，但是业绩也不差。如果这些人参加我的培训，学到一些简单的销售知识，就能够显著提高成交率。目前市面上有很多讨论销售的书籍，在此我就其中重要的五个阶段，谈谈如何提高成交率。

1. 建立联系：销售员要设法和客户建立联系，找到共同点，加强联系黏性。想要让客户喜欢你，不要去奉承客户，而是要去找到你和客户的共同点，比如共同的兴趣爱好，你们都爱健身，或者你们都喜欢某个品牌的汽车。如果你没有和客户建立较为亲密的关系，销售会谈时氛围难免紧张。许多人向我请教如何在会谈中打破紧张氛围，让客户放轻松，因为市面上的销售书籍很少提及这方面。我的建议是，如果客户没有主动闲聊，你最好还是不要谈论跟合作无关的事情，因为客户对你说的那些事情未必感兴趣。有句话说得好：鱼喜欢吃什么，就给什么，对胃口才行。销售员喜欢的东西，客户不一定喜欢，所以我倾向于直奔主题。

2. 明晰需求：为了给客户提供一个完美的方案，所有必要信息都要问清楚（参考“策略 2：关注客户目的”中问题示例）。有两个问题尤为重要：客户的目标和预算。如果在这两个方面，你和客户无法达成一致，那么你们可能并不适合合作，不如尽快结束谈话，节省时间和金钱。只有客户预算和你的报价基本相同，你们才有可能合作。

3. 假设合作：“如果我以 XX 的价格为您提供如下服务，您会同意合作吗？”如果客户拒绝，你就要暂停预定的销售谈话步骤，询问客户对哪里还不满意，解决了这个问题，继续谈下去才有意义。我把这个过程称为“假设合作”，虽然有些销售员经常忽略这一点，但其实它很重要。

4. 激励客户：到了这个阶段，你就需要让客户暂时忘记复杂的数据和方案了，用美好愿景激励客户下单。你可以这么说："可以预见，这个方案实施后，您的公司将会发生很大的改变。"购买行为大多是大脑冲动情绪的表现，你可以跟客户一起规划未来、想象未来。如果客户认为你的方案没有前景，未来不够美好，他就不会购买。如果客户告诉你，"希望这个方案实施后，我再也不用担心公司数据安全问题了"，你要赶紧抓住机会，这就是客户愿意合作的信号（参见生存策略 30）。

5. 谈报价、签约：关于报价和签约的顺序，在生存策略 21 中，我已经详细解释过。现在我再来说说另一个问题：如何避免客户陷入困惑？答案就是报价单要简单易懂。如果你给客户看一个长达 18 页的销售方案，包括各种相关材料、项目细节以及密密麻麻的技术数据，报价隐藏在某个角落，客户会有耐心从那么多内容中找报价吗？你可以去订购一套暖气设备，和你的同事一起看看商家给你的报价单，感受一下，作为客户，一个复杂的报价单多么令你烦心。怎么保证报价单清楚易懂？你可以将报价单独列出，否则你很可能在最后一刻失去客户。如果订单标的很大，我会亲自带着报价单去找客户，以便当面解决客户的疑问。另外，由于报价单客户是付了费的，这个过程你就得精心规划，尽可能做好充分准备。想要成功，每一步都需要提前计划。

销售员要清楚客户究竟想要什么，如果你给客户的和客户想要的不一样，客户当然会困惑。好的销售员会根据客户的需求及时调整谈话策略。这种能力不是天生的，而是后天训练的结果。销售员需要知道自己属于哪一类职业人格，如可以用"洞察力分析法"（Insights-Analyse）或 DISG 来测试自己的性格。你可以从中看出，自己是外向型还是内向型，更感性还是更理性，决策时是“直觉型”还是“事实型”。在 DISG 性格测试中，每个颜色都代表一种性格类型，蓝色代表谨慎型人格（有责任心，小心谨慎），红色代表支配型人格（掌握控制权，敢于竞争），黄色代表影响型人格（有热情，充满活力），绿色代表稳健型人格（有同情心，有耐心）。每个人都能找到自己的性格属性，有的人身上会融合很多种性格属性，只不过侧重不同。学会区分不同的个性特征，你就能轻松应对不同的客户。遇到热情、富有活力的“黄色”客户，你就要声音高亢，调动客户的积极情绪，而遇到小心谨慎的“蓝色”客户，你就需要更加注重细节，以事实为依据。通过外貌、动作、谈吐，你可以对客户有基本的了解，更加容易在谈话中找准客户的喜好。

工作内容系统化。成功需要预先“设计”，门外汉才会临时想办法。

人类有五种购买动机：方便、价格、乐趣、认可、安全。每个人身上都同时具有这五种动机，只不过五种动机比重不同，只有一种动机占主导地位。如果遇到“安全型”客户，你就得告诉客户跟你合作没有风险；如果客户十分在意价格，你就得向客户展现出他这笔投资十分有价值。有些客户具有排他性，非常在乎声望（认可型客户）；还有些客户是“冲动型”，他们买东西看重“是否好玩”。而我比较在乎舒适省心，所以在选择供应商时，我会考虑供应商能否解决问题，同时能否全权负责整个项目，不需要我再费心参与。花多少钱？用多长时间？是否需要我参与？这三个方面是我衡量供应商的重要标准，凡是不能在这些方面让我满意的供应商，我都不会合作。如果供应商夸大其词，承诺他办不到的事情，我也会拒绝合作。销售员应该思考的是，如何在不同类型的客户心里留

五大购买动机，学会它，才能运用它。

下深刻的印象，让他们能够记住你，甚至愿意主动将你介绍给其他人。客户推荐是获得新客户最好的方式。

> **实践经验**
>
> 令我惊讶的是，一些公司总是愿意给客户一些折扣，它们认为这样做理所应当，但其实最好不要这样做。这会让你陷入恶性循环，有了第一次，就会有第二次、第三次，因为客户永远想“再便宜一点”。你大可以非常自信地坚持自己的报价，特殊情况下可以提供一点小优惠，但是不要经常这么做，没有人希望自己一再免费提供服务。

生存策略 30

帮助客户跨过“适应期”

我最近买了一台烘干机，我很喜欢那个负责接待的销售员，因为从推荐产品、送货、调试机器到回收旧机器，我什么都不用操心，他办得很妥帖。虽然我也在乎价格，但这通常不是最主要的。然而，制造商为了降低成本，烘干机还没有完全烘干衣服就自动断电了，因为将衣服完全烘干非常耗电，不环保。尽管它的功能齐全，但是不能立马穿上完全干爽的衣服让我非常苦恼。制造商的初衷是好的，毕竟制造环保设备有利于促进世界可持续发展。但是对于我个人而言，如果能穿上干爽的衣服，我宁愿多花一点钱。

上面的例子说明，即使事先的承诺全部做到了，客户还是会因为某些原因不满意，因为客户短时间内无法适应新变化。供应商要尽可能预测出影响客户满意度的因素，并快速解决这些问题，让客户不要因为短暂的“适应期”而抱怨产品，这会给你省去很多麻烦——不用再想如何回复客户的投诉电话和抱怨产品的邮件。这是我从以往销售经历中得到的最宝贵的经验。刚开始创业时，我总是频繁收到客户的投诉、抱怨，让我非常困惑。我为客户提供了一台完美的电子数据处理系统，安装的软件是最新版本，价格也不贵，并按时安装，完美匹配了客户需求。无论是产品质量还是技术服务都无可挑剔，但是客户却说，“我的员工应付不了”“这台设备太难操作，每次都要花费很多时间才能弄好”“你要早告诉我这么麻烦，我就不买了”。

> **如果只考虑投资成本，一定会损害客户体验。**

那时我才意识到，对于客户来说，这样先进的设备，操作起来太复杂。（或许看到这里，你也深有同感。）所以我做了一些改变：当我成功拿下订单，甚至客户已经签字时，我在一张纸或者客户的挂图上，简单画出设备操作流程，如下图所示。

销售策略：“适应期”

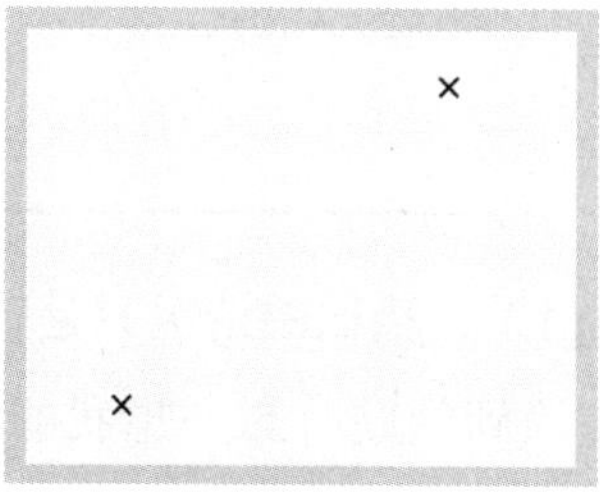	“亲爱的顾客，我承诺，当您来到我这儿［在左下角画了一个叉］，我会给您提供新的设备［在右上角画了一个叉］，我保证给您更方便、更快捷、更安全的服务。”
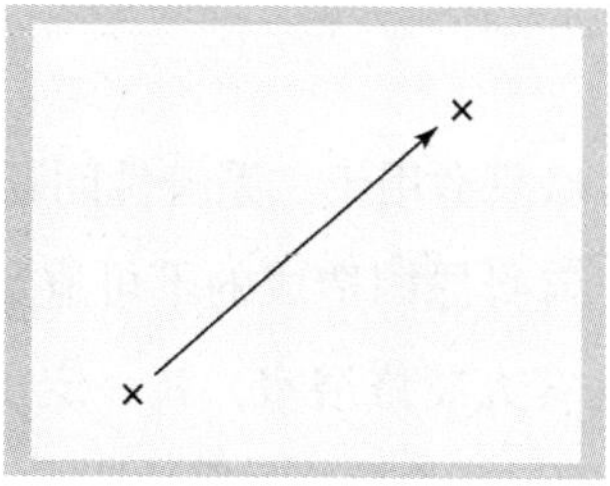	“我知道，您希望实现目标的路径最好是一条直线［画一个箭头］，但实际上做到这样很难，因此，我建议……”

续表

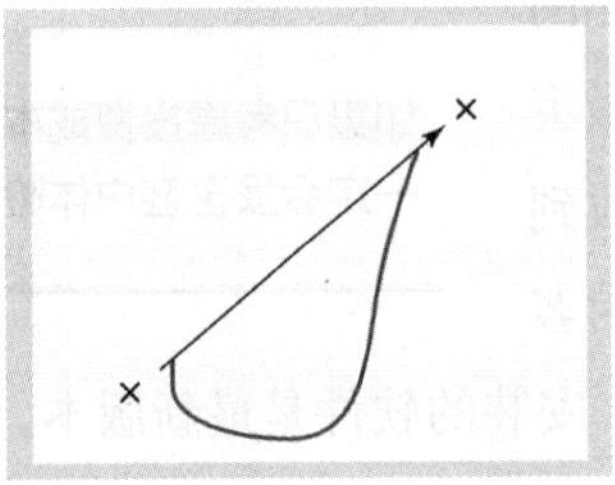	“从 A 到 B 必须要经过山谷 [画一条曲线]。也就是说，设备刚开始使用时，新密码、新功能……对于员工来说会有些不适应，需要一些时间学习如何操作。他们可能会抱怨：‘跟之前完全不同，好多功能我都找不到，按钮好复杂。’这时，作为老板您或许会后悔更换新设备。”
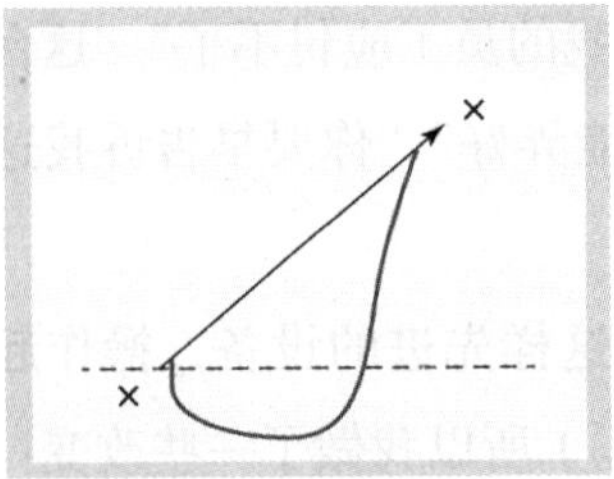	“这种情况没有办法避免，因为您的员工已经习惯了旧设备的操作方式，现在必须学习新的操作，为了更好地让员工适应新设备，我们可以为您培训员工。”
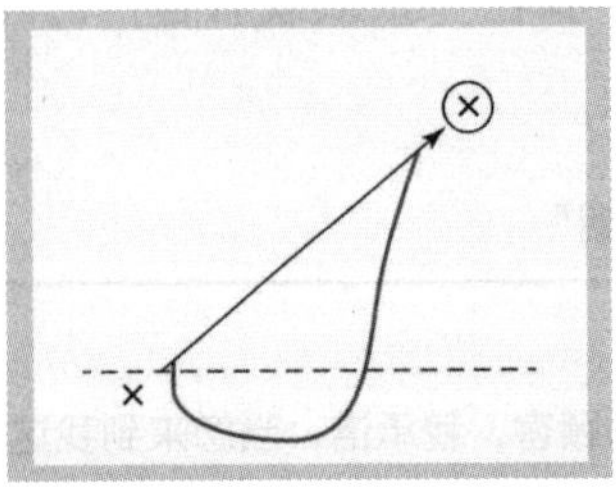	“[指着上面的叉] 我们一定能实现最初的目标，但是这需要时间，等到员工熟悉了一切操作，工作就会步入正轨。”

很多时候，客户听完会说：“那我明白了，糟糕的情况只是暂时的。”我会嘱咐客户收好这张草图，并在遇到问题时想一想我的话。作为企业家，你需要把这个策略教给你的员工，让员工提前预测困难，预先排除客户可能会抱怨的地方。

开诚布公会赢得信任。

不过这个策略只适用于“系统性问题”，即那些不是由于自身原因造成的不可避免的问题。如果你为客人装修浴室，就一定得敲掉旧瓷砖；如果你是私人教练，那学员一定会因为剧烈运动而肌肉酸痛；如果你是园艺师，客户的花园多年来杂草丛生，修剪过后肯定会看上去光秃秃的，邻居或许并不喜欢。你要牢记，客户不是专业的，他一定会遇到很多解决不了的问题，你要提前告知客户。拿 IT 行业来举例，你有义务告知客户系统全面升级需要花费多长时间，方便客户及时调整工作，比如有些客户为了争取时间会在周末让员工加班。提前告知客户，以免到时候客户说："早知道……。"总而言之，除了在销售环节打消客户顾虑，企业家还应该在售后环节帮助客户顺利跨过"适应期"，这是提高客户黏性、建立稳固合作关系的有效手段。

实践经验

如果你想详细了解"适应期"的相关内容，推荐你看我的 YouTube 视频。希望你能从我的经历中总结出适合自己的策略方法。

第三章 | Chapter Three

老板不要“沉迷”于日常琐事

| 生存策略 31 |

放手会最大激发员工潜力

公司创立初期，我经常在其他公司负责大型项目，只有几天会在自己的公司办公，这就意味着员工大部分时间需要独立工作。但是我非常担心员工的工作能力，所以我每周都会花很长时间安排未来一周的工作。我用红色表示要“立即完成”的工作，黄色表示可以“稍晚一点完成”的工作，绿色表示“周末有时间再去做”的工作。渐渐我意识到，这种工作方式会让我把大部分时间都浪费在一些琐碎工作上，如果我不想继续这种状态，我就得学会放手。

管理公司就像管理猴群一样，要学会放手，其实员工完全可以照顾好自己。

2019 年 8 月 1 日，我的秘书打电话说我的实习生那天来上班。我很惊讶，什么时候给我招了实习生？他叫什么名字？从哪里来？我一无所知！后来我的员工告诉我，他们在几个月前就开始招聘，通过面试和试用，最终决定这个人成为我的实习生，已经在工商会注册完毕。于是在从家到办公室的路上，我联系了这个实习生，简单自我介绍后告诉他：“今后有任何问题，你都可以来问我。但是如果公司的其他人能够解决，就先去问他们。”最后我告诉他，如果他表现不错，我们会在圣诞晚会上见面。

适当给员工一些压力，有利于激发他们的潜力。

创业初期的我绝对想象不到可以这样经营公司。在 2020 年底我卖掉公司之前，我把公司经营得很好，而且公司的员工全部可以独立、出色地完成工作。所有这些原本不可能的事，全部都实现了。或许听起来很不可思议，因为有些人可能会表示怀疑，老板怎么能允许员工替自己做主，不用亲自签名就招收实习生？但是如果你有一个优秀的团队，如果你对你的团队足够信任，你完全可以把这些权力交给员工，不必事事都向你请示。这样你就有时间去旅行，去做其他的事情。刚开始，员工在被我一次次委以重任时，非常不自信，觉得自己“从未做过”，他们会担忧。我想说的是，这种情绪很正常，任何人都应该直面它，这种“对第一次的恐惧”正是我们突破舒适圈、实现个人发展的契机。

“对第一次的恐惧”标志着一个人结束停滞状态，开始进步。如果你一直不敢尝试新的事物，你就会像大多数人一样，永远待在舒适区，那里是你熟悉的环境，可以给你安全感。但是你也不能选择那种远超自己能力、绝对不可能完成的事情，这会让人因畏惧而逃避。下图是“三区模型”。

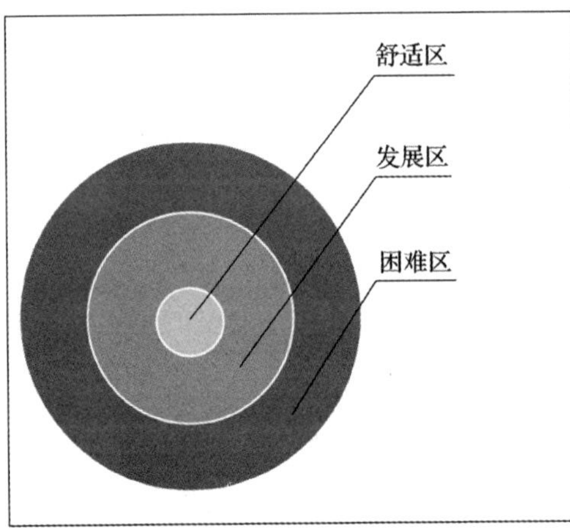

三区模型

“三区模型”不是我发明的，也不是最近几年才出现的。但是很少有人注意它，有些人一生中绝大部分时间都处于舒适区，如果有人要求他们做出哪怕极小的改变，他们也会非常恐惧。比如在政府机构，只有在工作内容被迫改变时，那些文员才会不得已让自己面对新的挑战，就算只是服务对象改变，实际要做的工作并没有改变，他们也觉得很难受。大多数成年人（如部门主管）只有在环境改变或者别人迫使他们改变时，才会冒险面对新的挑战，让自己站在发展区里。小孩子也是这样，他们几乎不会自己主动学习跑步或者骑自行车。人的天性就是尽可能将自己的行为限制在舒适区里，避免任何不确定或风险。但是，越是伟大的人，越敢于挑战新事物。无论是员工还是老板，都应该不断强迫自己走进发展区，挑战新领域，只有这样，才能成功。

下面是我的一些经验，希望可以帮助你勇敢直面恐惧，接受挑战。

明确拒绝无理要求

我的第一个客户是一家大型税务公司，公司的老板经常让我感到压力巨大。有一次，早上 7：15，我接到客户的电话，让我立即修复软件，那时我正在去办公室的高速路上。我回答说等我到了办公室，我会在 45 分钟内处理好。客户非常不耐烦地说："不行，现在马上处理！"这事情放在今天，我绝对不能忍受。"我的公司我做主"，这是我做事的原则。那些不尊重我的人，甚至要求老板为其提供 VIP 服务的客户，我会拒绝合作。有些人或许认为这样做会失去客户，其实不是的。一旦向客户表明你是一个有原则、有底线的人，客户就不会轻易冒犯你。

做出改变，并试验

我会经常思考，想出一些即使失败也不会影响公司的方案，并在公司进行试验。有一次，我为公司租了一个新的楼层做办公区域，但是发现这样会影响部门和员工之间工作协调效率，于是我放弃了扩展办公楼层的计划。通过一次次试验，我们的办公室搬了两次，彻底优化了办公室的空间布局。

解雇不合格员工

许多老板都不愿意解雇员工，这样看来，这些公司很有可能在招聘环节就出了问题，许多员工尽管不合格，但仍能轻轻松松通过试用期，正式入职。这些员工在公司供职多年，却没有做出任何成绩。最后的结果就是，员工也会对公司不满，甚至甩手不干了。“如果解雇他，他的家庭怎么办？”我有时也会这么问自己。但是作为企业家，公司的利益高于员工个人利益，因此，解雇员工时必须公正、客观，不能因为个别人而有所妥协。解雇不称职的员工，是企业家必须要做的事情，你需要尽快适应。

实践经验

这里有一些克服困难的小策略：

1. 立马解决不愉快的事情！拖延只会让事情更糟。著名成功学培训师博恩·崔西（Brian Tracy）在他的著作《吃掉那只青蛙》（*Eat That Frog*）中提到：要在一天开始的时候处理最困难的事情，这样一整天你都可以保持心情愉快、高效工作。心理学家延斯·科尔森（Jens Corssen）也持相同观点：“痛苦的事情，马上解决！”
2. “如果时间来到 7 年后，我会如何做？”每当自己因为危难退缩时，在心底里问自己这个问题，你很快就会找到答案。
3. 最坏的结果是什么？想清楚最坏的结果，你就会有勇气迈出第一步。一般，最坏的结果也不会糟糕到哪里去，可怕的后果其实是人幻想出来的。当你知道了最坏的结果，你就能提前做好预防措施。

| 生存策略 32 |

领导不要沉迷于处理日常事务

我在联邦国防军服役时，学到了企业管理最重要的一课，相信即使是出于反战心理拒服兵役的人，也会认同。在一次预备役军官演习中，身为少尉的我如果要晋升中尉，需要参加一场考试。我带领十名士兵进入森林，需要在1个小时内设立车辆检查站，就是阿富汗的那种检查站，对进入车辆进行检查，并在必要时阻止敌人进攻或恐怖袭击。设立这样的检查站需要因地制宜，考虑地形因素。既不能太早暴露，又要让警卫兵或士兵及早辨认接近车辆，必要时武力排除潜在危险。这个检查站还要能保护站岗士兵，遇到危险情况方便士兵快速组织防卫。建造这个检查站，除了需要一些建材外，还需要机关枪、铁丝网和能搬动的桶，桶用来设置障碍，迫使接近车辆进入弯曲车道，并且减速。同时还需要在车道上安装镜子，检查车辆底部是否安装了爆炸装置或者藏有武器。我向士兵说明情况并分配好任务。士兵开始工作，但是进度很慢，无法在1个小时内完成，无奈我只能动手帮忙。一会儿帮着把圆桶滚到预定位置，一会儿帮忙铺设铁丝网，终于按时完成任务。当我的教官告诉我，建造的这座检查站基本合格，能够马上投入使用时，我非常开心。但是在回去的路上，教官跟我说：“指挥官亲自动手帮士兵干活，有时反而会害了士兵。”我很疑惑，教官解释说，在战场上，敌人随时有可能进攻，指挥官的职责是坚守岗位，密切注意敌方动向，排除危险。如果指挥官忙着搬桶，架铁丝网，或者亲自指挥士兵挖工事，无暇顾及敌方动态，后果非常可怕。

谁是公司的掌舵人？

虽然在商业领域，不会严重到涉及生死，但是企业管理是否正确会影响公司的存亡，从那些破产的公司就可以看到这一点。如果老板亲自在电脑上修改广告文案或亲自去敲掉客户卫生间的旧瓷砖，谁来为公司这条大船掌舵？谁来调整客户结构、价格政策以及寻找新人才？如果我只能给你提一个建议，那我会说，尽快从公司日常琐碎的工作中抽离，集中精力优化和发展公司。作为老板，你要照顾整体战略、工作流程、业绩增长、关键客户等，具体的工作放手让员工完成。企业家要找准自己的位置，这才是核心。如果你有员工，就没必要事必躬亲，但是如果你是负责公司日常运营业务的总经理或者自营创业者，没有员工帮助你处理日常工作，自己亲自做也是应该的（如果需要，你可以考虑外包服务）。你是整个企业的掌舵人，是所有员工的首席培训师，需要眼观六路、耳听八方，及时察觉到任何危险信号，提前干预，永远不要在大难临头的时候，除了惊慌失措别无他法。

企业家如果亲自处理琐事，必定危害公司整体发展。

如何做呢？比如我，在跟新客户见面时从来不带名片，项目推进我会交给具体的负责人，客户后续所有工作只需要跟负责人联系，他们不需要我的手机号码或者联系我，因此我根本不需要带名片。在第一次会面时，我就会明确告诉客户，我不负责具体的项目细节，请客户不要给我发邮件。如果的确有什么重要的事情需要管理层决策，我自会出现。我的团队就可以处理一切日常工作。从日常工作、为订单制订方案、方案实施到发票查询，我都会交给专门的人全权负责。我的 IT 公司能够做得如此成功，就是源于我作为老板，只负责客户筛选、与客户的初次会谈以及向大型企业提供战略规划。

如果客户总找老板，说明公司系统是不成功的。

你也可以借此问问自己，你多久干预一次员工的工作？据我所知，有些企业家一天到晚都在忙于矫正员工的工作，他们总是不放心让员工独立开展工作。因为他们在参加我的培训时，频繁看手机或者离开房间接电话。作为企业老板，在别的企业家忙于指导员工工作时，我集中精力探索新路径，发展新客户。当然，这么做有个前提，那就是你得确保公司没有你可以正常运行。但是，老实说，让公司达到这个境界并不容易。如果你的公司还没有形成这个模式，你需要为此努力，要敢于容错：团队不可能在第一次接触客户时就完美完成任务，但是如果你因此不敢放手，总试图干预，你的员工永远都无法成长起来。

那么，所有的客户都会喜欢这种工作方式吗？当然不是。这就需要你和客户第一次见面时，就明确介绍公司的工作模式，并讲清楚这么做的好处。如果客户不能接受，那么继续谈下去毫无意义。但是通常客户会非常喜欢这种清晰、专业、流畅的工作方式。如果客户不接受，你可以拒绝合作。如果一个订单总需要管理层亲自处理，影响管理层做其他更加重要的事情，那么这个订单能有多大价值呢？有些企业家想不清楚这个问题，频繁被客户的琐碎问题困扰，真正重要的事情只能放在周末做。当然，公司创始人刚开始创立公司时，肯定不可能立马就从日常业务中抽离。这就需要公司有明确的规章制度、权责分明。老板负责什么，员工负责什么，要非常明确，以保证工作高效率完成。每个公司创始人从一开始就应该有这个意识，将公司结构化、系统化，分工明确，创始人要有意识地退居二线，逐步让员工承担更多责任。创始人在开始的时候，就可以为公司建立一个“公司组织架构图”。随着公司的发展，创始人逐渐从前台退居幕后，根据员工的才能和特点（参见生存策略40），分配不同的职责。但是，会计和销售对公司来说最为重要，即便企业家不打算亲自承担这方面的工作，也要对他们的工作内容了如指掌。

你可以逐步建立一个像时钟一样“自动运行”的工作机制，公司在没有你时仍然可以独立运营，这样即便把公司卖掉也没什么影响。2020 年新冠疫情期间，我能成功出售公司，就得益于公司良好的独立运作机制。但是总有些企业家不愿意这样做，为什么呢？因为他们太过高估自己的重要性，总认为一切都得他们来做，没有他们的指导，员工会觉得无从下手，没有主心骨。其实这是公司缺乏盈利能力的重要原因。中小企业盈利的诀窍是：员工负责处理企业的绝大部分事务，为老板赢得时间，去考虑如何推动公司发展。只有当公司有足够的流动资金，有能力承担偶尔的损失时，老板才能自由支配自己的时间和精力，重建或者优化公司系统。同时，公司的包容性会给予员工极大的自信，不会因为偶尔一次失误彻夜难眠。利润是公司的压舱石，有了利润，企业家才能做决策，才能勇敢拒绝不合适的客户（参见生存策略 2）。

> “以终为始。”——史蒂芬 · 柯维（Stephen R. Covey，人类潜能导师）

实践经验

作为企业家，你是领导者，不是员工，日常事务不是你的职责。你要领导公司的员工，创建一个配合默契、协调顺畅的团队。不要害怕偶尔犯错，这才能让员工成长，在这个过程中，员工会渐渐锻炼出独自承担重大责任的能力。

| 生存策略 33 |

老板见一次客户就够了，给员工相应的决策权

一家公司要想经营成功并且盈利，老板要学会只关注重要的工作，如果公司里有员工的话，就让员工去接触客户。总是有很多客户想直接与老板交谈，这就像普通患者想得到主任医师的诊治一样，客户感到非常受重视，同时老板也能从中收获满满的成就感，认为只有自己才能处理这些事情。在上一个生存策略中，我已经提到，企业家要改变这种思维。对于我来说，只有第一次进行大笔订单的商讨时，才值得我亲自参加。

如果一个客户想重新订购新的服务器系统和新的工作设备，这大约需要投资 5 万欧元，对于中小企业来说，这是一笔不小的投资，也意味着具有一定风险性。这家公司之所以要重新更换设备，是因为之前的供应商令他不满意，提供的设备无法解决公司问题，为了尽快使公司重新顺利运转，他不得不更换供应商。如果没有翔实的实施方案，风险难以预估，而且没法谈报价。因此第一场会面一定要先提方案，再谈报价。虽然一些客户可能对此有些质疑，但是请相信我，一旦你做了就会知道，这么做有多大的好处。不过为客户提供方案咨询时要收费。而且费用要比讲座高，因为此时你为客户提供的不是一些简单的概念或理念，而是实打实的方案和报价，而制订方案、提供报价等一系列工作会产生很多交易成本（参见生存策略 9）。另外，第一次会面中要安排一个有丰富经验的负责人，由他负责和客户接洽后续工作。第一次会面会谈到一些重大决策，因此老板和客户直接对话很有必要，这会让客户更有安全

会谈越重要，越要展现出更加个性的方案。

感，不过也要明确告知客户，除了一些重大决策外，老板不会亲自监督工作的执行，如果客户一定要老板事必躬亲，必须支付更多费用。当明确告知客户这一点后，客户就不会总去“骚扰”老板了。

无论你是从事浴室装修、花园设计、个性化公关还是网络营销，都需要学会当一个聪明的老板，把公司的各项工作明确分配给不同的负责人，这样既能提高客户体验度，也能提高公司的工作效率。老板永远是掌舵人、领航员，老板的任务是为客户提供总体建议，并将工作流程标准化，细节工作和日常事务统统交给员工完成。就像我，虽然我很少去公司，但是这并不会消减员工积极性，反而更加有条不紊、高效顺畅。有一次，我的秘书跟我说：“好啦好啦，菲利普，不要唠叨了，这些我都知道。我还有别的事情做，我先走了。”这让我非常兴奋，因为经过多年的试验，我终于将公司带上了正确的轨道，显然，在这方面，我还是很有领导才能的。

员工找对了位置，自然就不会缺乏动力。

我相信，比起让老板激励员工，员工自己能在工作中找到内驱力效果会更好，只有员工真心热爱工作，才会主动想把工作做好，不等老板分配就主动承担，这样的员工会减少犯错，成为老板想要的好员工。员工越是认同自己的职责，就越是想要取得好成绩。因此，老板要帮助员工建立团队认同感，再适时赞美他们，犯错了也不要紧，只要他们敢于大胆承认就好。此外，老板不要打击员工的积极性，做到这些就足够了。盖洛普咨询公司的专家在分析了影响员工动机的因素后指出，失败的领导者是员工工作动机的最强杀手（“员工抛弃的不是公司，是老板”）。商业专家约亨·迈（Jochen Mai）在他的著作《职业圣经》中也提到，除了缺乏兴趣、沟通不畅外，压力大、没有安全感、工作氛围压抑、目标不明确、领导任人唯亲、领导事事干预以及“大喊大叫”都是消减员工工作积极性的重要因素。其实也没什么好惊讶的，无论是雇员还是老板，有谁喜欢这样的工作环境呢？维珍集团老板理查德·布兰森（Richard Branson）对此提出了一套很有道理的领导哲学："老板要好好照顾员工，只有员工有自信，才能勇敢做出决定并解决问题，这样的员工才有能力为你照顾好客户。"

从客户角度出发考虑问题，公司应该给员工尽可能大的决策权，因为他们是跟客户接触最多的人，知道什么是重要的。只有极少数重大决策才需要老板拍板。对我来说，客户是指路明灯，因此我把客户视作我的老板，客户决定我的公司生产哪些产品和服务，谁是适合公司的员工，哪些员工适合干哪些岗位，客户能够决定公司的存亡。所有这些问题都取决于客户，客户是公司唯一的财富来源，是公司得以存在的强大支柱。如果有人问我"谁是公司真正的负责人？"我会说客户。在一次演讲中，我用如下简图向员工解释这个问题：

员工满意了，客户才会满意。

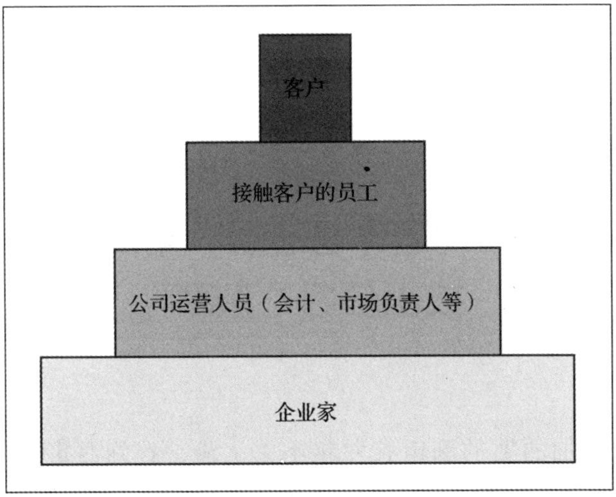

客户才是公司真正的老板

正如上图所示，企业老板只是金字塔的基础，他的任务是固本培元，确定工作场所、工作设备、企业战略和结构组织，这些是老板要操心的事情。日常的业务不应该是老板的工作，只有理解了这一理念，企业家才能知道如何安排自己的日常工作。对于员工来说，如果老板和客户同时找自己，员工应该先处理客户的事情。因为客户处在金字塔的顶端。但是如果客户不尊重员工，明显是在故意找碴儿，那就另当别论了。

实践经验

第一次会谈要考虑你面对的客户拥有多大的权力，是否直接能做主下单，也就是说和你谈话的是公司的老板还是雇员。越是能够直接做主的人，也就是老板，越难激发购买冲动。相比之下，那些可以在一定预算内自主决定的雇员更好说话。毕竟花的不是他们的钱，自然就不心疼。因此会谈中你要了解清楚客户的预算，那些较大的项目，可能需要你在报价时分成几个较小的订单，然后每个订单的报价都不超过对方可以接受的范围，这样做更容易达成合作。

| 生存策略 34 |

定期审视工作备忘录，帮助员工拔出任务“杂草”

西班牙加的斯的副市长六年不去上班，直到西班牙球员华金（Joaquín G.）去市政府领取球队服务周年纪念奖时，才发现他的办公室里根本没人，这不是开玩笑！曾任市政污水处理局局长的加的斯副市长联系不到他的属下，无奈，就打电话到华金家里，问他："你找我干什么？"——政府工作人员竟然能偷懒到如此地步！

那么，对于那些不在乎自己的员工如何工作的领导人，我们应该如何看待呢？作为企业家，对于你的员工如何工作，你有起码的了解吗？了解员工如何工作不是要控制员工，那些因为喜欢控制员工，导致员工丧失自主性的人，通常也会被别人控制（参见生存策略39）。这是关乎企业生存的问题。因为一家企业，如果领导人不了解员工工作情况，问题就会像雨后的杂草一样层出不穷。精心设计的清单没有人用，保存完整的历史会议记录没有人看，斥巨资做的广告营销也几乎没带来一个客户……

真的有这么忙碌吗？还是做了一堆无用功。

出现这些情况，老板绝对要承担最大的责任。比如，公司一时间要完成的工作太多，所有的员工都处于高压环境下，甚至有人因此生病。但是身为老板，对此竟然毫无触动，不是想着如何调整公司的工作计划，改善这种现状，而是只顾埋头按照自己想当然的方式行事，出了问题就临时抽调几个人去"灭火"。老板原本只想让几个员工临时救场，而这些工作往往会变成员工的新增常规工作。再比如，老板抱怨公司的商务车太不干净，员工就每周都去洗一次车，但事实上这些工作完全可以交给其他人去做。怎么能让优秀的程序员去设计圣诞贺卡或者分发圣诞卡片呢？简直太不可思议了。临时帮同事接电话，或者临时帮忙管理差旅费账户等，这些"其他人的工作"让一些员工费心伤神，不得不加班才能完成自己的本职工作，时间那么紧，压力那么大，他们怎么可能不犯错？与其让这些没有技术含量的琐碎工作烦恼员工，你不如花450欧元招聘一个专门处理这些琐事的人，这样你每个月

定期拔除任务"杂草"。

至少可以节省出30~40个工作小时，有了这些时间，不管是你还是你的员工，都能够创造出更大的价值，毕竟，一个订单带来的利润远远超过这区区450欧元。

如何能让你或员工不被各种临时工作所打扰？有一个办法：规定一段工作时间（如半小时），让员工集中注意力。这个办法的核心是不被打扰。员工的办公区域要绝对安静，比如可以单独开辟一间会议室，那里没有电话、手机或笔记本电脑，只提供笔和纸，员工在那里可以安静地工作30分钟，不受干扰。在这段时间里，员工可以将自己要做的工作写在纸上，将自己今后几天或几周内的工作梳理一遍，把所有的事情都罗列出来，包括“不重要的事情”，最好能对每项工作都大致估计一下需要的时间（每天/每周/每月需要多少小时，可以参照下面的表格）。同时，老板也需要为员工创建一个这样的工作备忘录，然后和员工一起讨论，改善备忘录。根据我的经验，盘点备忘录，半个小时是最佳时间，15分钟太短，超过30分钟又太长。这也是经过多次实践验证过的经验。

集中精力半小时（备忘录）

姓名：__________　　性别：__________

是什么	频率/时长？

在我的 IT 公司，每 4 个月组织员工列一次备忘录，重新明晰各自的工作。只有企业家能够高效组织公司，公司的工作才能风雨无阻地稳步推进。正如我前面所说，这么做不是为了控制员工，而是为了优化工作流程、缓解员工工作压力。备忘录很重要，要把自己未来一段时间的工作都列上去。只有当员工明白它能带来的好处，才会按照自己的实际情况做出最合适的规划。最开始，为了让员工明白它的好处，你可以为员工做一次示范，把你做备忘录的过程展示给员工看，备忘录上列着你所有的待办事项，你从中找出无意义的工作取消掉，或找出太烦琐的事务交给外包服务公司。如果不方便使用该方法，也可以简单记录自己未来一周的待办工作，并估算大致需要的时间，只需要从 Outlook 软件中把每天的时间表打印出来，在上面填好待做的事。你会发现，别看就是一个“5 分钟的电话”，类似这样的事情加起来实际上要花费很多时间。

简单梳理工作，可以让你未来一段时间高效完成工作。这样做的好处是，每项工作的时间更加清晰，员工甚至可以考虑如何缩短时间；一些总是重复从头开始做的工作，考虑是否可以建立“常规工作操作手册”，避免多次浪费时间做同样的工作。当然，我并不是要求所有的企业家都这么做，但是如果你是一个对自己和公司负责、以结果为导向的领导人，就需要用这个方法重新优化公司的工作流程，尽可能避免让员工频繁加班或者长期处于巨大的压力下。这不仅可以节省资金，还能给公司营造一个良好的氛围（参见生存策略 37）。

弄清楚工作的意义，才会认真工作。

实践经验

定期跟员工一起检查……

- 我们实际需要做什么？

- 做这些有意义吗？
- 对于公司要完成的任务，员工和管理层的理解一致吗？

……这么做可以确保公司定期缩减无用的工作，减少员工压力，改善工作流程。

生存策略 35
老板不要当员工的“保姆”

2019 年，我就去过公司两天。从招聘员工、试用员工，到员工入职或解聘员工，这些都不需要我参与。正如我之前提到的那样，员工可以自主完成工作，对此我很开心。员工可以直接使用公司印章，可以代替我签字，还有一些其他特权。我专门开了一个私人账户，用来管理财务。每当我收到账单，我就拍照发给员工，他们负责汇款。至于别人能看到我私人购买的东西，我并不在意，只要能节省时间就好。很多人难以想象，公司竟然可以这么经营。但是我知道，如果企业家信任自己的团队，就会无形中提高工作速度，这在今天会带来很大的竞争力，会让企业家更快速成功。现在的时代，早已不是比拼信息和知识的时代，而是比拼速度的时代。如今的市场，需要的是结果，谁能快速给出结果，谁就能吸引更多客户，更快站稳脚跟。现在的客户越来越缺乏耐心，谁都不愿意排队等待，哪怕晚一刻钟都不行。客户急于在最短的时间内得到一切——现在、立刻、马上！企业家应该迅速调整公司结构，以适应客户的期望。

对于企业家来说，这是一个很大的挑战。信任意味着放手，放手伴随着风险。为什么这么说呢？一个创业者刚开始创办公司时，公司的规模一般很小，只有几个人，甚至只有创业者自己，因此创业者或者只有几个人的核心团队不得不肩负起公司所有的事务——去税务局报税、和专业协会联系、给房东交租等。除此之外，还要兼顾不断出现的新工作，亲自解决问题。这样从基层开始干起来的老板，往往有丰富的基层经验和专业知识，知道某些具体的工作到底是如何运作的。等到后期，公司规模逐渐扩大，需要招聘新的员工，但是由于公司也无法预见自己何时需要招聘新人，所以通常会努力用现有的员工和资源管理公司，只有现有的员工或资源难以满足日益增长的业务量时，老板才会决定招聘新人。这就会产生一个新的问题：此时的整个公司已经忙于业务，分身乏术，即便招聘了新人也没有时间培训他们，只能让他们自己边干边学。这些新人积极性再高，也难以达到老员工的工作水平，难免会犯很多错。这时，为了避免新员工总是犯错，影响工作进度，老员工或者老板不得不亲自上手做。这样一来，你招聘新员工有意义吗？

对于客户来说，你不用比别人更好，但是你要比别人更快。

多人合作，出现问题很正常。但是如果企图通过质检来减少错误，那就是不正常的。正确的做法应该是让员工彼此信任，信任可以加深员工对工作的认同，提高工作质量。只有当员工全盘了解自己的工作后，才能真正将其内化为“我的”工作。如果员工知道自己的工作还要接受主管检查，那么他就不会全心全意完成工作，因为即使出错也没关系，主管一定会检查。这样的员工做任何工作都会漫不经心。因此，员工的工作就是员工的工作，老板不要总是帮员工检查，负责为员工“纠错”，否则员工就不会认真工作。当然，我是说老板不需要当员工的“保姆”，但是定期抽查公司产品、服务或工作的质量还是必要的，作为掌舵者，老板需要知道自己公司的情况，来决定公司这艘船的航向，至于具体的实施，交给船员就好。

为了让公司正常运转，我在公司制定了很多制度（标准化的工作流程），员工权责分明、各司其职。比如，我在生存策略 33 中提到一个 5 万欧元的服务器项目，我只参加与客户的第一次会面。获得订单后，我负责制订项目实施计划、计算报价、签订合作协议（购买协议或者租赁协议）。购买产品或者产品交付必须提前约定时间。结合客户和他的工作情况，其他的工作我会安排专人负责，包括将旧数据传输到新系统中，或者将系统连接家庭办公等。每一个服务器项目都会涉及数据备份、追踪项目进度和询问客户使用情况等过程，为此，我会制作专门的“工作手册”，方便员工执行。每个服务器项目我都只看最后的“项目完结确认书”，这个文件只有在设备或系统一切进行顺利时，客户才会签字。我用这种方式，用最少的时间，尽量不干预员工的工作，既有效了解了项目的真实情况，又给员工提供了尽可能大的行动空间。

老板干预越多，员工自主性越差，员工自主性越差，越容易出错。

实践经验

企业家并不是害怕放手，而是害怕放手可能会引发严重的后果。我列出以下几点，帮助你分析这么做的利弊。

首先，一个决策可能带来 3 种结果：①结果超过预期；②结果正如预期；③结果不如预期。这么一看，失败的概率只有 33.3%。

其次，如果放手，我的资金能够承担这 33.3% 的风险吗？如果能，那这点儿风险也不存在了。也就是说，在你没有经济压力的情况下，你完全可以放手一试。

生存策略 36

用好帕累托法则

通常情况下，老板通过雇用员工可以赚更多的钱，但是销售行业不是这样，因为公司一般会给销售员发放销售奖金，因此理想情况下，销售员是公司里赚钱最多的人。作为老板，你的时间比员工的时间更有价值。因为相比于员工，你的工作更重要，也更难做，但是现实中很少有企业家做的是真正重要的或者其他人难以处理的工作。我认识很多企业家都把自己的工作交给别人做。而你不这么做，是因为你觉得你比别人做得更好，或者你认为分配工作很麻烦，因此你从来没有打算改变现状。但其实如果你事事都亲自上手，只会忙碌于不那么重要的琐事中，无法顾及真正重要的事——公司的发展。即使是公司里最有经验的员工，在面对公司战略决策、市场观察、追踪新趋势和紧跟客户新需求这些问题时也无能为力（或者不感兴趣），这些事情只能由老板做。如果员工连这些高层次的工作都能胜任，那他就不会给别人打工了。

如果你想推动公司发展，有些事情你必须亲自做。做这些事情需要时间，因此那些可以交给别人完成的工作，你要全部分配出去。至于如何衡量一个员工能否胜任你委派的工作，你可以使用“80% 法则”，也就是说，如果这个员工能完成 80%，你就可以把工作交给他。那么如何分辨哪些工作是不需要你做的呢？你可以把未来一周所有的工作列一个清单出来，把事情写在纸上，并随时更新，不要依赖记忆，因为记忆往往会出错。看看你眼前的清单，首先你会对自己要做的工作有一个全

你是老板，不是员工。

面的了解，然后用帕累托法则[①]找出其中 20% 最重要的事情，因为这 20% 决定你 80% 的业绩。你可以在找出的 20% 的工作中继续精简待办事项，不断重复这个过程，直到清单只剩下几件最重要的事情。剩下的事情，全部交给员工做，不要再让它们窃取你宝贵的时间。

如果你按照我说的做，你现在手里有三份清单：第一份清单包含所有任务；第二份清单是从第一份清单中精简出的重要任务（第一份清单的 20%）；第三份清单是从第二份清单中精简出的核心任务（第二份清单的 20%）。这样一来，仅仅使用两次帕累托法则，你就可以找到最核心的工作（占原始清单的 4%），这 4% 的工作可以为你产生 64% 的业绩，做好这 4%，就能以最有效的方式提升公司业绩。

我将以下图为例，教你如何使用帕累托法则。

哪 4% 的工作产生 64% 的业绩？

全部工作（100%）	帕累托法则 1（20%）	帕累托法则 2（4%）
计算报价		
会计事务		
购入材料		
电话联系供应商	电话联系供应商	

① 帕累托于 1906 年提出了著名的关于意大利社会财富分配的研究结论：20% 的人口掌握了 80% 的社会财富。这个结论对大多数国家的社会财富分配情况都成立。因此，该法则又被称为 80/20 法则。——译者注

续表

全部工作 （100%）	帕累托法则 1 （20%）	帕累托法则 2 （4%）
电话联系 餐饮公司		
处理投诉		
发邮件		
营销	营销	
线上活动		
工作进度 A 先生		
管理公司商务车		
分配任务		
订购办公用品		
查找 IT 服务供应商		
申请培训		
订购饮品		
销售会谈 个人客户	销售会谈 个人客户	
销售会谈 企业客户	销售会谈 企业客户	销售会谈 企业客户
与法务见面		
销售会议	销售会议	
见税务顾问		

续表

全部工作 （100%）	帕累托法则 1 （20%）	帕累托法则 2 （4%）
公司年终奖 X 先生		
战略工作	战略工作	战略工作
开放日		
新名片		
Y 女士入职培训		
维修复印机		
…		
…		
…		
…		
…		

实践经验

在一张纸上写下你每小时的净收入（计算方法见生存策略 8），每遇到一件工作，就在心里算一下需要投入的成本。

例如，你的时薪是 90 欧元，那么每分钟就是 1.50 欧元。这样一来，给饮料供应商打一个电话的成本不到 5 欧元（如果每 14 天订购一次的话，一年为 130 欧元），和个人客户会谈一次的成本为 50 欧元，费力处理投诉的成本至少 100 欧元……这样算下来，你每个月都浪费四位数的资金。

生存策略 37

聪明的企业家不让员工加班

如今，劳动力短缺导致许多公司捉襟见肘。由于人手不够，公司无法应对不断增长的订单需求。一个最简单的解决办法，就是支付加班费，让员工加班。但是这个办法有严重弊端：一方面由于税率不同，员工实际拿到手的加班费很少，这让员工感到得不偿失。另一方面，长远来看，加班会降低员工的工作效率，并不能保证得到同样多的工作成果。加班延长了工作时间，但随着时间延长，员工的注意力和效率却在下降。同样的工作需要更长时间才能完成，并且更容易出错。长期来看，加班的效果并不好，员工的工作效率下降，拿不出很好的成果，老板却要一分不差支付加班费。英国社会学家帕金森（C. Northcote Parkinson）指出："一个人的工作效率取决于剩下的时间。"他提醒企业家要注意帕金森法则①。如果你有一上午的时间来计划开放日的事情，那你可能得花费 3 小时才能完成工作，但是如果你 1 个小时之后就要出发去陪妻子过生日，那你可能不到 1 个小时就能完成。

人不应该长时间工作，而是应该高效利用时间，用最短的时间尽可能高效率完成工作。要想高效，就要让自己在一定时间尽可能远离所有的干扰和各种分散注意力的琐事。一个聪明的企业家不会为了节省 450 欧元而拒绝雇用一个干杂活儿的临时工。另外，员工自身也要加

① 一般指在行政管理中，行政机构会像金字塔一样不断增多，行政人员会不断膨胀，每个人都很忙，但组织效率越来越低下。

强自我管理，找好自己的生物钟。比如我会在早上5:00~6:00起床，然后着手处理最棘手的问题。快到中午12:00的时候，是我工作效率最低的时候，我需要吃午餐，否则无法继续工作。我的同事很清楚我的习惯，我整天在办公室工作，然后点餐解决吃饭问题。有时我一直熬到快12点还没有吃饭，那时我肯定已经筋疲力尽，只能靠一点残存的意志让自己继续工作。到了下午，我的大脑会再次回到兴奋状态，可以高效工作。常规任务我一般留在晚上做。大家会发现，我会把最重要的工作放在精力最旺盛的时间段做，然后再做剩下的事情。很多人并不注意自己的生物钟，从而浪费了很多宝贵的时间。作为老板，要记得给员工分配工作时，给予员工适当的灵活性，让他们可以利用好自己的高峰期和低谷期，不要逼着夜猫子在早上8点进行头脑风暴，这是没有意义的。

加班不一定有意义，你为成果付费，而不是为时间付费。

此外，企业家不要忽略一个事实：员工就是员工，不要要求他做老板的事。虽然每个企业家都希望员工能热爱自己的工作，愿意为公司奉献，但事实是，员工不可能像你一样，永远对公司饱含热情。如果你过分要求员工，比如让员工加班，即便你会支付加班费，也一定会在某一天失去员工的忠心。联邦企业保险联盟的统计数据显示，自1970年以来，德国人患精神疾病（如抑郁症、精神倦怠等）的数量增加了7倍，这些人一旦患病，至少6周不能上班。另外，不管你的员工对工作有多大的热情，如果他总需要加班，这也会给他的家庭带来负面影响，家庭一旦出现问题，对员工的工作积极性也非常不利。因此，你要预防员工负担太重、精神压力太大，如果工作太多，你可以招聘新人来分担多出来的工作。

实践经验

如何改善公司员工总是加班的现状？你可以重新考虑企业定位和产品价格，让自己成为优质供应商，拒绝那些没有什么利润的订单，通过提高价格为自己筛选出合适的客户。

生存策略 38

重视员工入职手册的作用

20 年前，新员工入职后要先花几周时间接受培训，向老员工学习或者由老员工带着熟悉工作。而今天，劳动力数量短缺、人力成本暴涨，新员工从入职开始就需要投入到高效的工作中。为新员工制定一个标准化的“入职手册”非常必要。我的经验表明，一旦签订劳务合同，即使还没有正式入职，新员工也愿意花时间去学习“入职手册”。因为每个新人都想一入职就给老板留下好印象，并且提前熟悉工作也可以适当缓解紧张情绪。所以，企业家可以把新人会面临的问题或者需要了解的事项总结在一个手册中，让他们提前熟悉工作。

“员工入职手册”可以节省培训时间。

你可以使用纸质版文件夹，电子版文件夹也可以，按照不同的工作主题将需要告知新员工的事项分门别类罗列在里面，如工作时间、打卡规定、休息时间，以及公司的吸烟规定、公务车使用制度、办公区域、办公室内线电话等。这样，在员工入职第一天，你就不用再额外花费时间告知他们这些基本信息，何况，入职第一天就告诉他们这么多事情，他们也未必记得住。此外，我还建议在手册中用一些关键词或者流程图来描述工作内容，还可以把一些常规工作建立一个“操作手册”或“操作模版”，如订单接收函、商务信函或账单等，或者提前做一些表格模板，如差旅费登记表、年假申请表等。也可以在文件夹的开头印上公司的宣传标语或目标。要注意，这样的“入职手册”要实时更新、真实有效。好的公司不是天生的，而是经过老板多年的苦心经营才实现的，很少有人能把自己的公司建设成系统化、标准化、流程化、自动化的公司。一个有管理才能的企业家一定有一双识别人才的慧眼，他知道万千员工中哪一个人适合当主管，负责替他料理公司的日常事务。作为老板，是从一开始就坚持参与公司的日常事务，还是任命一个主管帮你处理，取决于老板的组织管理能力。这和建立质量管理手册不同。我曾见到一家企业的质量管理手册，其中的内容跟企业真实的现状完全不符，我想这可能是专门做出来给客户看的吧。事实上，质量管理手册是企业家了解企业真实情况最有效的方式，但如果这个手册不能反映企业的真实情况，那么它毫无意义。

不要让员工入职第一天就陷入焦虑。

除此之外，公司要为新入职的员工准备“入职计划”，即员工第一天上班要做的工作清单。不要觉得劳务合同一签就万事大吉了（参见生存策略 24），第一天上班对新员工来说至关重要。第一天上班，他很紧张，谁也不认识。从签署工作合同后，他就一直在纠结自己是否做了正确的选择。因此，你一定要保证第一天上班给员工留下好印象。例如，你可以让人力主管去门口迎接他入职，把他介绍给同事，安排他跟老员工一起吃早餐，或者在他的工位上放一份小礼物……总之，想办法给他惊喜，让他可以开心地分享给家人朋友。员工在入职第一天感到开心，就能以积极的心态快速投入工作。

实践经验

要给新员工安排一个舒适的工位。听起来很容易，但是很多企业家都忽略了这一点。你是否在员工入职前，为他提前安排好工位，并且在那里准备好了电脑、电话、名片或者工装？许多公司觉得员工不需要名片，他们错了，名片可以让员工有归属感，所以一定要准备。

生存策略 39

考核要以结果为导向

客户购买的是产品或服务（一套功能完备的 IT 系统、一个装修现代化的浴室或一个维护良好的花园），公司从这些产品和服务中挣钱。因此，员工工作要以结果为导向。但是奇怪的是，如今很少有公司在日常工作中对工作成果做要求，而是以工作能力作为评价员工的首要标准，特别是一些理想的工作素质，如抗压能力、团队协作能力等。公司在招聘员工时，招聘简章中"职位描述"一栏除了会写明"工作目标（主要任务）"外，所占篇幅最长的就是"员工职责"和"要求具备的能力"。我在这里提到能力，是因为了解清楚员工能力也有一个好处，那就是老板可以知人善任，也有利于员工做出成果，但是员工能力并不是我们今天谈论的主题。我们这里主要谈论工作成果，如果一项活动的最终结果可以预见，老板可以直接告诉员工具体实施方法，交给员工去执行，只需要在事后花一点时间检查一下活动效果就可以。

举一个简单的例子，给电脑更换 UPS（不间断电源）中的电池。在我的公司，常规工作有三项流程：①工作内容；②工作结果；③工作时长。如果换电池的话，工作步骤就是：①按照“更换电池操作说明”更换电池；②填写验收表，包括“安装位置正确（外壳部位）”“电线铺设正确”“控制灯工作正常”“旧电池已打包回收”等；③计算工作时长。验收表可以帮助确认整个工作的完成情况。计算工作时长可以帮助公司对这项工作大致需要的时间有所了解，方便与同类型客户约时间。仅仅一份“操作说明”并不能囊括所有的问题，势必还会有些许操作失误。如果你曾经自己动手安装过家具或者电器，你就会知道这一点。产品制造商能给你的最直观、最有帮助的东西，绝对是“安装效果图”，在组装的时候，看不懂文字说明，直接看“效果图”是最有帮助的。因此，我在公司规定了员工绩效考核方式——“标准操作程序”（SOP），大致操作思路跟前面换电池的工作流程一样，只不过是为所有的常规工作都制定了操作标准。这个方法是我从一个大客户那里学到的，为了实践它，我花费了 94 500 欧元，但是非常值得。这种革新让我的公司工作效率更高，评估工作结果更可靠，为将来培训新员工打下坚实的基础。而且这些改变也让我从繁杂的日常事务中解脱出来，专心完成核心工作。

条条大路通罗马。

对于招聘简章中要求的“工作技能”，我认为完全没有必要。因为完成一项工作可以通过多种方式，不同的人有不同的方法，“技能要求”表明只有符合规定的人才能报名应聘，这显然是不合适的。例如，在 IT 行业，一些员工不擅长德语文本撰写，但是非常精通计算机，如果你在招聘简章的“职位描述”中要求“能用流利的德语口语或书面语与客户交流”，就会错失这些计算机人才。但是如果你只要求“有能力按照客户要求解决计算机

光有能力不足以保证成功。

系统出现的问题”，员工就可以自行选择适合的方式完成工作。另外，单单拥有技能还不能说明员工可以做出成果。比如一位酒店接待员可以说一口流利英语，但是他不了解世界各地的文化差异，那么还不如那些英语不够流利，但是非常了解客人喜好的接待员。后者虽然和客人沟通起来不那么顺畅，但依旧能让客人宾至如归。

检查一下你的招聘简章是怎么描述岗位要求的，是否以结果为导向？在日常工作中，你是否太过于计较过程而忽视了结果？如果你强调结果，就会激发员工的创造力，但是如果你对员工的工作不停地干预，生怕他们出错，势必会让员工只知道“听令行事”，不懂得变通和创新。德国的联邦国防军在给部队下达作战命令时，就不会采用“指挥战术”（详细解释作战步骤），而是给出“明确任务”（目标描述），后者会为指挥官完成任务节约很多时间。如果你是一个企业家，现在计划举办一次年度“开放日”，想把它交给下属执行。如果你明确出“开放日”所要达成的效果（如主要目标是吸引潜在客户；次要目标是吸引实习生），这就会非常容易实施，并且员工还可能提出更有新意的点子。但是如果你不提目标，而是亲自拟定筹备工作的每一项细节工作，不仅会浪费大量宝贵的时间，结果也不会很好。试图在别人身上强加自己的意志，很少能成功，强迫员工按照老板的方式工作也是如此。如果你是第一次给员工委派任务，你可以让员工定期向你汇报进展，或者在工作进行了一半时检查一下员工的方向是否有偏差。渐渐地，当员工可以独立工作的时候，你就可以完全不用管这项工作了，正如生存策略 36 中所说的那样。

注重结果而不是能力（如学历、证书等），会让员工更加积极地做出成果。不要以为最后离开办公室的人就是好员工，好员工的衡量标准是成果。你给员工发的是工资，不是出勤奖，工资是员工工作成果的报酬。

实践经验

向客户明确说明产品或服务效果能够避免很多投诉。比如一个客户订购卷帘，安装在办公室窗户上，如果安装前你明确告诉他：“这个卷帘在下午阳光照进办公室的时候，或者阳光从西南方向照过来时，效果很好。”他或许就不会在阳光偶尔刺眼的时候，抱怨卷帘不好用了。

生存策略 40

扩充员工队伍，从销售业务人员开始

人们常问我：“如果你再创业，会先雇用谁？会计、销售还是技术员？”我会很干脆地回答：“第一位员工应该是负责运营业务的人，在我的例子中是一位 IT 技术人员。”这很好解释，因为创办公司就是为了给客户解决问题。多数情况下，创始人在创业初期会包揽一切工作——产品开发、销售、客户会议、会计等，这很正常。但是如果随着企业规模逐渐扩大，企业家如果还不改变这种工作方式，就会有危险。因为那些庞杂烦琐的日常业务会占用企业家绝大部分时间，他们像辛劳的工匠一样在安静的房间里埋头苦干，哪还有时间琢磨公司的发展。长此以往，公司很难更上一层楼。企业家应该是放眼整个市场、运筹帷幄的“船长”，长远来看，扎实的市场营销和销售知识是吸引客户的不二法门。不排除部分人有经商的天赋，但是大多数普通的创业者还是要从零开始扎扎实实学习基本的专业知识，然后在实践中不断积累。

企业依靠销售和营销发展，而不是依靠产品和服务。只有当企业能不断赢得新客户时，创始人才能赚到足够的钱，将公司发展壮大。客户达到一定数量时，公司就应该设立客户经理，负责维护这些老客户，而老板继续负责发展新客户。只有这样，公司才能持续发展。理想情况下，公司第一批员工会和公司一同成长，通过与创始人密切合作，他们也能学会基本知识。如果公司的业务太多，靠现有的员工已经难以消化，同时公司资金允许的情况下，可以招收第二批员工，负责运营业务，这样创始人就不用再操心公司的运营，可以专注于市场、销售和战略层面的问题，如扩大销售网络或寻找新的合作伙伴。同时，随着公司规模不断扩大，可能需要继续招聘第三批新人，老员工可以培训新员工。然后，公司可以开始考虑设立销售岗位，让专业的销售人员负责开发新客户、维护老客户。这样，创始人就只需要负责公司的战略发展就好。毕竟，要想成为一名成功的企业家，就不能安于现状，要抓住一切机遇，不断寻找新办法和可能性。

创业头号陷阱：陷入烦琐的日常事务，分身乏术。

客户找不到你，就会去找你的竞争对手。

如果你作为老板，仍在处理最基本的事务，就不应该再犹豫是否需要招聘雇员。因为公司花了大气力做营销，好不容易带来客户，客户当然希望马上见到你为他解决问题。如果你忙于琐事无法分身，或者在跟客户会谈时看上去心不在焉，频繁看手机，这对客户是多么大的伤害？显然，此时一个人运作公司已经不可能了，你必须得雇用员工为你分担工作。即使是一个小团队，业务好的时候也需要老板亲自分担一些工作，更何况如果公司只有你一个人的话，一定忙得不可开交。如果你是销售，你会发现，客户不会因为价格变动终止合作，导致合作中断的一般都是失去信任或者反复长时间等待。客户一旦失去耐心，二话不说就会给你的竞争对手打电话。老客户可能会在你没有接电话时再打一次，新客户可不会这样，而客户的电话往往意味着订单。因此，在这一章节我想给的建议是：建立一个至多 3 人的客户服务中心，专门负责接听客户的电话。这个经验也是我经商多年摸索出来的。这样的小规模客服中心，只需要两台固定电话（一台接听客户电话，一台联系老板）和一个负责回答专业问题的工作人员就可以了，这种工作甚至可以在私人住宅进行，客服中心的工作人员或许没有强大的营销能力，但是他们能最大限度地维护好老客户。通过这种方式，你会成为客户心目中的“最佳选择”，如果你按电话数向咨询的客户收费，他们也愿意付费。仅此一项就可以为你节约很多成本。同时，除非客服人员刚好在接听其他客户的电话，否则你应该尽可能让同一个客服人员为同一个客户服务，因为谈话双方彼此了解之前的谈话内容，可以避免不断重复说同一件事，提高客户的满意度。这也是经过实践检验，行之有效的小策略。如果你的公司已经小有规模，有了稳定的员工，你可以考虑在必要时设立一个客服中心。我在给企业做培训时，经常遇到因为回复客户不及时而丢失订单的案例，因为客户往往没有耐心，非常急切地想要得到一个解决方案，哪怕是一个简短的回应也好。

实践经验

除了完成订单和获得新客户，你还需要认真对待会计事务。最好的办法就是从一开始就把公司的财务工作外包给专业的财务机构。

生存策略 41

允许员工犯错，只有在实践中才能成才

如果你创办了一家公司，即使你不打算将来出售，也应该按照会出售的样子组织公司，这会倒逼你更加慎重地做决策，追求更好的结果。比如，将公司的所有工作都量化成具体的数据，如营业额、利润、客户数量、每个客户的订单额等。还有一个影响公司发展的最重要的因素——人，包括老板和员工在内的所有人。一般来说，影响公司销售业绩的正是老板自己。为什么呢？一方面，从购买物料、缴纳房租到给员工发工资，都需要从营业额中支付，再加上还要考虑公司当下需要支出哪些费用以及老板私人需要购买什么，最后剩下的利润非常不稳定。如果投资人想购买你的公司，他无法通过薪资情况直接看到公司是否有足够的盈利。一些以有限责任制经营的公司盈利情况更加透明，因为经理受雇于人，每月都领取固定的工资。这样投资人可以清晰看到公司的运作状态，并且估算自己购买这家公司能获得多大利润，以及是否需要采取一些调控措施。不要根据公司的盈利情况结算自己的工资，要给自己设定固定的薪资。关于这方面，你可以阅读大卫·巴哈（David Bach）的《自动成为百万富翁》。

另一方面，老板总认为："没有我，什么都不行。"公司所有的工作都需要老板决定，只要老板不在，事情就无法推进。但是如果能让员工尽早学会独立工作，不论从哪个角度讲都是有百利而无一害的，对员工和老板都是一件好事。这样一来，许多工作推进的速度会更快，老板也不用对公司上上下下那么多事情都操心。当我看到有的公司连制订员工休假计划都需要老板亲自来做时，我感到十分惊讶。员

> 作为老板，你要先确定自己的工资。这样你才能清楚公司的盈利能力。

工自己有多少天假期，如何和其他员工轮班，哪些工作十分重要，必须保证有人在岗，以及随着季节变化哪些工作需要注意，这些员工都一清二楚，他们自己可以安排好一切，为什么非得要老板做主呢？还有的公司，客户总是找老板投诉产品或服务。但是客户订购一项服务后，服务就由该项目负责人协调。订单开始执行后，销售员、项目负责人、客户对整个流程都非常清楚，如为什么做某项工作、做的目的是什么、什么时候做以及需要付多少钱。如果客户不满意，应该找负责这个项目的团队（至少是了解整个项目的人）投诉，然后解决问题，而不是找老板。

有时，让客户找员工投诉可能无法直接解决问题。有一次，一位技术员告诉我，客户想要免除 8 小时技术咨询的费用，因为这个客户提供的订单标的很大，几次电话服务的费用只占其中极小的一部分，他就同意了。他觉得这样才不会影响其他的费用按时结清。我对他说，他可以这样做，但是他要自己承担这 8 个小时的损失，当天会按他请了事假处理，我会扣除他的工资。这个技术员很委屈。我解释说："你为客户工作了 8 小时，理应得到报酬，否则公司为什么要雇用你呢？如果你没办法创造价值，那我当然不给你付工资。当然，如果是在非工作日，你愿意为客户免费工作也可以，因为非工作日我没有付你薪酬，但现在是在工作日。"虽然我没有真的扣他的工资，但是也向他表明了态度。我不反对员工向客户妥协，因为他们更了解客户的处境，但是我认为员工在面对客户时代表的是公司的利益，不应该满足客户的无理要求。如何避免员工这么做？可以定期组织讨论，帮助员工反思自己的决定，通过培训会或者分享会来讨论过度妥协带来的后果。一旦员工意识到那样做的危害性，就会开始本能地保护自己，并且愿意积极跟客户谈判或者在谈判中态度坚定，直到客户放弃自己的无理要求。

当然，刚开始，员工突然独立挑起重任，一定会犯错。但是，失败是成功之母，错误是最好的老师，每一个错误都为员工开启一扇成长之门。以我多年的经验，老板逐渐从日常工作中退出，让员工承担更多的责任，独立工作，更有利于他们学习成长。这比花钱给他们做培训或者让他们参加研讨会效果要好得多。研讨会上学的东西都是固定的，很难真正运用在真实工作场景中，渐渐就会被遗忘。还有些人即便能在研讨会上学到有用的知识，等研讨会结束，回到工作岗位上，依旧按照老办法行事，原来怎么做还怎么做，因为身边没有人配合他，很难说服同事做出改变。“一次性输入”几乎没什么效果，如果想要员工不忘记研讨会的培训内容，就得在公司内部开展培训（针对每个人）或者通过视频培训，因为不断重复才能让员工记住那些内容，记住了，就能用上。

“不闻不若闻之，闻之不若见之，见之不若知之，知之不若行之。学至于行之而止矣。行之，明也。”

——《荀子·儒效》

通过实践得到的知识不容易忘记。与其花费大量时间和金钱去听讲座，不如多多实践。人不都是从实践中成长起来的吗？第一次做某件事一定没有经验，可能成功也可能失败，只要我们从中吸取经验和教训，下次遇到同样的事情就知道该怎么做了，这就是成长。如果你打算出售公司，让员工养成独立的好习惯还有一个好处，那就是可以增加公司的价值，因为整个公司并不依赖老板，也就是说老板是谁并不重要，这对即将出售的公司来讲有非常重大的意义。

实践经验

如果想要员工变得独立，就要允许他们犯错。目前有很多“积极看待错误”的书籍，其中很多都忽略了一个前提，那就是老板是否能容忍员工的错误。如果公司资金紧张，这种容错空间就很小，任何错误都可能给公司资金带来巨大的负担。因此，企业家要确保自己公司的资金运行情况非常好，才可以开始让员工独立。

生存策略 42

要批判性对待别人的建议

没有人靠自己就能成功，任何一个人想成功，都得依靠很多人的支持，比如顾问、忠诚的伙伴以及稳定的私人环境。关于这个问题前面我已经谈了很多，这里我想集中再谈几个关键的问题。我特别想提醒各位企业家，别人给的建议，不论听上去多么令人信服，你都要保持批判态度，不要无条件听从。因为那些给你建议的朋友或者熟人，在给出建议的时候，通常并不了解你的情况，也没有仔细观察你的真实处境，只是根据自己以往的经验做出判断而已，他们总是说：“嗯，如果是我，我会……”同时，你要明白，并不是所有人都真心希望你成功，因为成功或许会让他们失去你。在学生时代，几乎每个人都曾拥有几个形影不离的朋友，但是现在你和他们还有联系吗？还是早已经把他们抛在身后了？虽然听起来很残酷，但是这就是现实。不要期望从这些人身上能得到好的建议，因为他们可能

那些会对你产生极大影响的人，会决定你能否成功。

会出于嫉妒或私心误导你，从而让你做出错误判断。你必须要和这些已经交往了很久的朋友分开了。一个人的一生会遇到很多十字路口，有些人想选择成功，有些人则甘于平淡，不同的人会选择不同的生活。这会让人的情感关系面临巨大挑战，因为一份彼此理解的友情很少能延续很多年。

作为公司的领导，有时候你也要无奈拒绝员工的要求，尽管他们可能已经为你工作了很多年。例如，员工要求预支薪水，如果偶尔出现一次，这没问题。但是情况通常不会就只出现一次，这样的员工一般不具备理财能力，总是入不敷出。长期透支像一把达摩克利斯之剑，控制员工的生活，因为员工长期面临经济问题，他们会把大部分时间花费在思考自己如何脱离经济困境上，哪还有心思好好工作？我有一个共事多年的同事，他的妻子总希望过一种不同的生活，但是她挣得很少，因为她总是能找到理由，证明自己无法工作或者无法长期在一家公司工作。当然，在她看来，这都是环境或别人的问题导致的。而她的丈夫工作称职、认真、可靠。他努力工作挣钱，还寻找各种兼职（他的妻子总是要求他挣更多的钱）。他也很乐意周末加班，这样可以拿到加班费，满足妻子新的要求。最终，他离职了，因为我不同意他总是加班。

有经济问题的人往往终其一生都在为了挣钱而穷尽心力，这会让他们长期处于压力之下，直至所有精力被榨干，甚至生病。这样的员工身上充满不确定的风险，像一颗定时炸弹在滴答滴答地响，随时会爆炸。这个道理也适用于在其他方面有问题的员工，那些问题会削弱员工的工作能力，工作对于他们来说不再是最重要的事情，自然就不能完成得特别好。如果是大公司或者大型机构，可能员工偶尔的错误不会致命，但是对于小企业来说，错误很可能造成毁灭性打击，因为企业没有足够的人力或财力，可以代替那些有问题的员工。因此，如果你的公司有这样长期工作能力不佳的员工，我建议你辞退他。否则，他的问题迟早会给你带来麻烦，让你不得不在短时间内做出决定。与其那样，不如趁恶劣影响还没有发生的时候，未雨绸缪，尽早采取行动。如果你还想再给他一次机会，也可以给他换一个不那么注重业绩的工作岗位。

“问题员工？”早点结束这些员工对公司造成的伤害，否则你会有无穷无尽的麻烦。

不要幻想员工收到两次警告后就会突然开始积极工作，因为问题不在于员工懒惰，而在于员工对公司缺乏认同感。我曾见过有一个员工经常忘记工作，给其他员工造成了很多麻烦。他说他根本没有办法记住那么多事情。我问他：“作为一个 8 岁孩子的父亲，你是否会忘记给孩子做晚饭或者哄孩子睡觉？”他回答说：“从来没有忘记过。”显然，能否记住某件事，跟记忆力无关，而在于他的身份和他多重视这件事。工作对他来说显然不是最重要的，因此，我也不想继续折磨他了，我解雇了他。

或许你认为这样做太苛刻、太无情，但我希望你明白自己身处的位置，你是一个企业家，你不仅要对个别员工负责，你还要对其他员工和整个公司负责。与其留着这些“问题员工”不断给公司和其他员工制造麻烦，不如干脆把他们的工作交给愿意努力工作的员工。努力工作的员工认同公司的价值观，对自己的工作也有强烈的认同感，他们希望公司越来越好。如果不辞退那些“问题员工”，只会让优秀的员工开始厌倦自己的工作和公司，最终，老板反倒会彻底失去这些优秀的人，优秀的人永远都有更好的选择。作为企业家，你要有勇气做一次“断舍离”，我保证，如果你这么做了，以后你会感谢自己的。当你感受到这样做的好处后，下次遇到这样的问题，你一定会毫不犹豫。

我所说的这些不仅适用于管理员工，也可以用于管理商业合作伙伴。在一些线上活动中，你经常能遇到很多企图寻求他人帮助的企业家，为此他们愿意与你共享客户。这个合作方式听上去不错，但实际操作起来会非常棘手。许多失败的企业家或者公司经济出现状况的老板无法依靠自己的力量走出困境，会试图通过在网络上找到合作伙伴来拯救自己，遇到这样的人，你千万要谨慎，不要因为见过两三次面，对他们有好感或者非常同情他们就答应合作。想要找到合适的潜在合作伙伴，除了花时间在互联网上搜索外，还要到他们的公司参观，看看员工的办公环境和工作方式，这样可以判断出这家公司是处于良好的运营状态还是像一个溺水的人在四处求生。根据我以往的经历，在网上认识的合作伙伴，一般都是工作时不怎么积极，一到了分红时就总有办法给自己多算一点的人。

实践经验

不要被表象蒙骗。许多人表现出来的并不是自己的实际情况，别看他们住着大房子，开着豪车，总是去各种地方度假，兴许他们花的钱全靠贷款或赊账。许多企业家即便没有挣那么多钱，借钱也要过奢侈的生活。如果你有从事税务顾问工作的朋友，你不妨问问他们，是否有些老板的收入根本不足以支撑自己奢靡的生活（当然，你不需要你的朋友告诉这个人是谁）。我就有几个这样的朋友，不出意料，确实如我所说，一些企业家根本就不像他所展现出来的那样有钱。我的银行朋友也这么说。一旦他们的“财富假象”被识破，他们会立刻抛弃你。作为企业家，你要避免和这样的人合作，这些人就像定时炸弹，随时会炸得你遍体鳞伤。

第四章 | Chapter Four

“希望”不是策略

| 生存策略 43 |

如果你不给自己做主，别人就会替你做主

如果问你知道哪些著名的企业家，你会想到谁？是开创互联网时代的史蒂夫·乔布斯、马克·扎克伯格、比尔·盖茨，还是英国著名企业维珍集团的创始人兼董事长理查德·布兰森，或特斯拉汽车和PayPal的联合创办人埃隆·马斯克，抑或是性格乖僻的沃尔夫冈·格鲁普（德国著名服装生产商Trigema公司总裁）、冷静的费迪南德·皮耶希（大众集团前董事长）、高富帅桑威尔兄弟（Rocket Internet创始人）？虽然从所属行业、成功路径等方面来看，他们之间各不相同，但作为成功的企业家，他们有一个共同点：鲜明的个性——有坚定的立场和明确的目标。这可能是他们得以成功的一个重要原因，因为不知道自己想要什么的人，往往被动听取他人的意见，用他人的想法决定自己的行动，就像随风乱飞的树叶，没有主见。这尤其体现在找工作的时候，就业顾问建议你找一份“热门”工作，父母希望你继承其衣钵，亲戚让你去考公务员……。每个人都试图将他们的意愿强加在你身上，你就像一块白板，任由别人在上面描画出各种印记，至于究竟哪一种是你喜欢的，你自己也不知道。如果你在孩童时还没有想明白这个问题，现在还来得及，你必须赶紧想清楚自己究竟喜欢从事哪种职业。如果你不给自己做主，别人就会替你做主，这有时会带来好的结果，但是有时也会毁掉你的人生。外界噪声越大，你越难听清自己的心声。

> 企业家要先成为自己的建筑师，然后用才能和技术建造出客户想要的东西。

对我们来说，生活中最困难的，不是知道能做什么，而是发掘出

最擅长做什么。我们身边不乏拥有各种技能、擅长很多领域的人，但这通常只是少数，大多数人只能将自己有限的精力和能力放在自己最擅长的领域中。在公司工作或者办企业也是这样，如果你“事事通”，那你很可能“事事都不精”，这样的你，永远只是个普通人。虽然如今的社会鼓励人们全能发展，尽可能全面提高人的能力、知识、技能，但一旦有机会，你就要努力让自己变得“特别”，发掘出自己的独特才能。没有一个学科会教你如何成为一个魔术师或者理疗师（甚至可能都没有这样的培训课程），如果你想，你就得自己去探索。

什么事情，你可以比别人做得更好？

发现自我是令人欢喜的，发现自我的过程就是不断按照自己的方式探索的过程。这就是我为什么一再建议每个人都要勇敢走自己的路，尽可能多地尝试，不管你是初入职场的少年还是久经商场的企业家。自己一步步实践得出的经验远远比别人给你的建议更有价值，而且亲自检验过的真理才会真正影响自己，不会忘记。在我还是学生的时候，我就感觉到自己不适合医学，我的未来在 IT 领域。后来，经过多年商业实践，我又发现自己更擅长销售——我对行政管理没什么兴趣。在为客户推销产品的过程中，我发现自己有很好的演讲能力和舞台表现力，于是我加入了演讲行业，分享我的创业故事。不管是选择从事 IT 行业，还是开始演讲生涯，都是我自主选择的结果，在这个过程中，我不断发掘自己的特别之处，让自己更加独一无二。只有当人知道自己想要什么时，才知道自己该做什么以及该找谁寻求帮助。

每个人都有为自己做主的权利。我们越了解自己，就越容易找到外界支持。但是一旦我们表现出犹豫和不确定，别人就会试图干预我们的人生。这种干预并不会考虑当事人的根本意愿和需求，而是将他们自己认为对的事情强行转嫁到当事人身上，他们总会说：“如果我是你，我就会……”往往这个建议并不一定真的适合当事人。在一次讲座上，我给听众看了两张图片，一张是一堆黄金，另一张是一枚克鲁格金币[①]。手握黄金的人一般会想自己可以用它做什么，比如做一块金表、打制一副手镯或者耳环，但是拿着金币的人会去观赏它栩栩如生的压花、精致的雕琢，只沉浸于它的美丽中。人也是如此，我们要努力给自己印上特别的印记，这种印记越特别、越吸引人，就越容易让人接受我们本来的样子。可能有人喜欢我们的样子，也可能厌恶，但是如果我们自己已经决定了自己的样子，几乎不会有人再试图像加工黄金那样改造我们。如果你都决定开办企业了，还有人会建议你去做公务员吗？

目标明确会让很多事情变得更简单。作为企业家，一旦你知道你代表的以及你想要的是什么，你就会知道，你需要哪种客户、哪些订单应该拒绝，你也会清楚知道自己要为公司建立何种形象、如何建立这种形象。目标明确，才能果断决定，决定果断才能提高行动力，强大的行动力有助于收获客户的信任。具有强大行动力的企业家，不仅会为自己赢得可靠的客户，也会拒绝不合适的客户。因此，企业家要一直保持探索自我的精神，不要盲目听从他人的建议或者被所谓的“机会”迷惑，要学会倾听自己内心真正的想法。

目标明确会创造吸引力——人生是所有决定的总和。

许多人认为自己是暂时被掩埋在沙土里的黄金，希望自己终有一天能被发现。但是，即便最终如愿被发现，也只是一块“原材料”，被按照他人的想法加工，无法成为真正的自己。但是如果你主动发现自己，加工雕琢自己，那就不同了。此时，就像金币上精美的花纹给金币带来额

① 克鲁格金币是南非于 1967 年发行的金币，旨在帮助南非黄金在全球市场上的发展，是国际市场上最受欢迎和交易最广泛的金币之一。——译者注

外的价值一样，你身上独有的印记也会使自己更有价值，你已经为自己决定出自己该有的模样，不会再有人能在你身上强加其他的东西了。你的特点会让别人着迷，让别人相信你。不管是企业还是企业家，这种独特性会让客户更加关注和你合作能实现什么，这就是要努力创造这种独特性的意义。想要成功，需要和他人合作，没有人能仅仅靠自己就获得成功。我们需要别人为我们开启通往新世界的大门，需要别人给予我们机会，我们也需要别人依赖我们。如果我们自己都不知道自己要做什么，即便别人想要提供帮助，也不知道该如何帮。

> **实践经验**
>
> 那些自信的人，往往对自己非常有把握。他们很少担忧或者害怕，他们大部分的精力都放在观察竞争对手上。这种自信不仅有利于人际交往，也有利于建立商业合作关系。如果你能设身处地为客户着想，你就会更容易赢得客户。如果客户看重地位，你就给予他更多尊重；如果客户追求完美，你就尽可能提供详细的数据；如果客户喜欢轻松的谈话氛围，你就跟客户闲聊几句。简单来说，客户要什么，你给什么就好。

生存策略 44

少在意一点别人的看法，多倾听自己内心的声音

我演讲时，经常会在幻灯片上放上一句话：“少在意一点别人的看法，事情就会简单很多。”显然，这句话非常触动我，所以我才会把它放在幻灯片上。但是我也明白，对于很多人来说，懂得道理和真

正做到还是两码事。当今社会，无论是在家庭、学校还是企业中，大家还是更加偏爱服从型人格，随波逐流、循规蹈矩的人很少遇到问题。但是，大家都做的事情未必就是对的。曾几何时，公司招聘员工时特别青睐“横向思维者”，但是一些看重自己工作的人往往不重视这一点，因为横向思维意味着创新和打破常规，这种脱离群体的行为可能会给别人带来麻烦。比如你在机场安检排队时，大家都脱鞋接受检查，只有你非要问清楚为什么别的机场不需要这样，而这个机场非要这样做。虽然只是一个简单的问题，或许也会影响安检工作人员的正常工作。

许多学校实行军事化管理，孩子们不允许发展个性，而是按照统一的标准成长、学习。

美国社会心理学家所罗门·阿什（Solomon Asch）通过一项著名实验说明了人类有非常强烈的群体行为意愿。实验在一个房间里进行，实验人员要求一组受试者比较卡片上一条线与其他三条线的长度（线条 x 和线条 a、b、c 一样长吗？），答案是肯定的。这个问题其实很简单，就算是二年级的小学生也能轻松答对，但是实际的实验结果却让人大跌眼镜。屋子里的每个人都是实验对象，他们依次说出自己的答案。实验人员发现，一旦有人故意给出错误答案，就会有 3/4 的人改变自己的立场，坚持自己原来答案的人只剩下 1/4。我们无法判断这 1/4 的人是出于相信自己亲眼所见的事实而坚持自己，还是只是不想引起别人注意。但是我们可以从这个实验中看到人类强大的群体适应倾向心理。

把自己的幸福交到别人手里太过危险。这样的我们，像是流水线的原材料，按照别人的意愿被加工，无法遵从自己的内心，很有可能浪费掉自己的才华。德国有 326 种职业要求申请者接受相关培训（截至 2019 年），德国超过半数的技术学徒（54%）涌向其中最热门的

20 种职业，因为这 20 种职业被大众认为是“最好的工作”。世界上许多人都在跟着别人的脚步行事，认为这才是“合理的”，殊不知，自己迟早会为此后悔不已。很多人一生都没有机会发挥自己的潜力，因为从出生开始，他们就按照“大多数人的标准”成长、思考、做事，包括自己的职业也是按照身边人的喜好来选择。我的父亲是一名内科医生，按照我家人的想法，我理所当然应该去学医，之后接管父亲的诊所。那时我才上七年级，如果当时我没有鼓足勇气告诉父母我不喜欢当医生，我不喜欢和病人待在一起，我害怕生病，那么今天，世界上就会又多一个碌碌无为的医生，可想而知到我这里看病的病人要承担多少风险……幸亏我父母非常开明，允许我过和他们不一样的人生。

墓地里到处是“明智的人”，他们的身体里充满了未实现的人生梦想和未发现的潜力。

当然，能够独立于他人的意见和帮助，自主决定自己的生活，很不容易。德国心理学家弗里茨·李曼在其名著《恐惧的原型》中提到了恐惧的 4 种基本形式，它们之间的关系是：

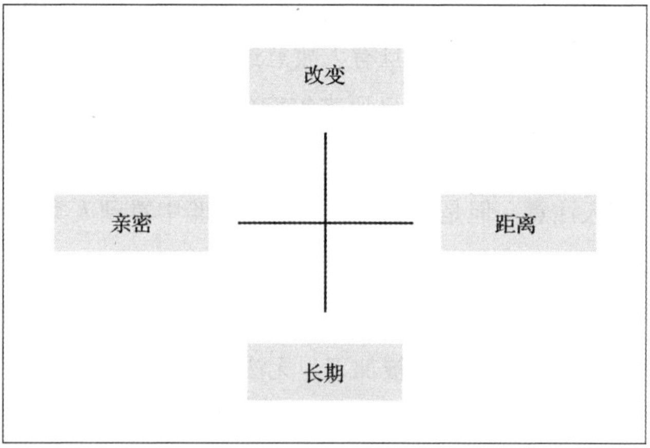

恐惧的4种基本形式

所有人都在努力追求永久性（长期）和多样性，争取亲密和独立（距离），但是每个人追求这些东西的方式不一样，伴随而来要经历的恐惧也不一样。如果一个人越是需要亲密关系，就越恐惧“拒绝”。李曼认为，人对亲密的巨大需求实际上是“对自我发展的恐惧”。越是循规蹈矩的人，越难发现真实的自己，这样的人会面临很多问题。因为一旦这样的人受到外界强烈的刺激，就会被动扮演与平常的自己完全不同的角色，长期来看，这不仅会让人自我怀疑，还会消耗大量的精力。我曾经有幸见到米歇尔·奥巴马，我问她，在丈夫竞选总统期间，她每天都要陪伴丈夫出席 5~7 场竞选演讲，但是每次出现她都是精神抖擞，不见一丝倦怠，她是怎么做到的。令我意外的是，她的回答很简单：每一场演讲我都只是米歇尔·奥巴马。在每一场演讲前，她都会告诉丈夫，她没有办法把自己假装成不同的人，她可以一直是米歇尔·奥巴马，奥巴马的妻子，除此之外，她没办法再变成其他任何人。

当你扮演别人时，你当然会犯错误。但是如果你做自己，就没有那么大的压力，也更有说服力。

我也是如此，在我看来，任何人，尤其是企业家，拥有率真的性格，并始终坚持自己的立场，虽然不一定所有人都喜欢，但是无疑会让企业家赢得客户的信任，成为一些客户稳定的供应商。就像我，我得到很多工作机会，并不是因为客户有多喜欢我，而是我的行事风格让客户相信我是一个坚守诺言的人。比起拿下订单而言，获得客户的好感并没有那么重要。许多客户赞同我的观点。作为老板，不管从事哪个行业，只要坚持自己，不轻易改变自己的立场，就能让你的品牌或公司在市场上占有一席之地，长远来看也会不断提高公司的市场价值。不要为

不管是人还是产品，要想获得认可，就要有个性。

了迎合别人的喜好而随意改变自己，就算是大明星也总有人不喜欢，不论是苹果手机还是红牛饮料，有喜欢它们的人就一定会有讨厌它们的人，因此，你要坚定信念——不是一定要取悦所有人，能够把50%的潜在客户发展成稳定客户就足够了，这比为了迎合100%的客户，做出一个功能齐全而缺乏创新和个性的产品要好。

最后，我有三点建议，帮助你屏蔽外界各种嘈杂的声音，专心倾听自己内心的想法，独立做决定：

1. 其实外界的评价比我们想象中少

自己的事情，除了自己，没有人会关心。不信你拿着自己的班级合照去大街上随便找一个陌生人，如果你告诉他照片上有他，他一定会先找他自己而不是你，这是人的本能。因此，你不用因为客户突然出现的新想法而努力反思自己是否在某一时刻说了什么，才导致客户那样做，这绝对是在浪费时间，很可能客户只是想让方案更完善，并不是因为你做了或者说了什么。

2. 正确的环境会激励你成长，而不是拖累你

别人不赞成你的原因有很多，父母可能出于善意，担心你无法承担失败的痛苦，而其他人，可能只是不想你成功。因为一旦成功，那些老朋友和你的距离会更远，他们不愿意这样。这就是为什么你一定要确保自己身处正确的环境中——身边的人都在鼓励你成长，你要和有上进心、愿意努力奋斗的人做朋友，这对你也是一种间接激励。如果身边的人甘于现状，你可能也会被他们影响，不再愿意努力。

3. 认真对待对手

圣雄甘地说："他们先是无视你，再来是嘲笑你，接着他们与你战斗，最后你赢了。"他带领印度摆脱了英国殖民者的奴役，实现印度独立。同样的道理在创业者身上也适用，一旦对手出现，你就要认真对待。有时竞争对手可能会贬低或者攻击你，没有关系，出现一些负面的言论很正常，自然不会所有人都喜欢你，只要他们不是你的客户就好。

> **实践经验**
>
> 有时我会在演讲中提到，成功就像热气球，想要飞得高，不需要更多的热空气，而是需要更少的压舱石。如果企业家想要变得更加强大，不是急于改变，而是要先去掉阻碍发展的绊脚石，如消极的思想、落后的企业习惯或文化，甚至是身边阻碍我们进步的人。

生存策略 45

善于展示好形象

提到"自我展示"，包括企业家在内的许多人可能第一时间会想到那些路边报刊上的二线明星或者 Instagram 上各种看上去光鲜亮丽实际囊中羞涩的法拉利"名媛"。我并不是建议大家做那样的人，而是希望大家努力做一个会展示自己的人。我相信，不论是手工艺人还是顶级顾问，每个人都能从"自我展示"中受益，因为正如我的朋友赫尔曼·舍勒（Hermann Scherer）说的那样，"如果没有人知晓，再好的东西也没有用。"企业家如何解决这样的困境呢？从小事做起。

企业家要明白，在很多情况下，客户很难甚至根本无法判断你在某个领域到底有多优秀，如果一定要让他们判断，他们可能宁愿自己去贴卫生间的瓷砖或者自己去优化 IT 系统。由于客户不了解你，他们会依赖你传达出的可靠、守时、形象、礼仪等来作判断，这些特征看上去对于产品或服务来说都是次要的，但是它们却可以直接影响客户的判断。

我在这一点上受益匪浅。最初，我允许我公司的员工根据喜好着装，并没有要求他们穿统一的工作服，直到有员工穿着辛普森 T 恤去公司附近的公证处办事。尽管当时是炎热的夏季，那样穿的确很凉快，但是却大大损害了公司的专业形象。于是，我很快认识到错误，开始要求员工上班时间统一穿带有公司品牌标志的工作服，如果天气寒冷或者其他特殊情况，公司还为他们准备了统一的外套。刚开始他们不太适应这种变化，很快他们就发现了这样做的好处——客户更加尊重他们了。虽然在此之前他们也非常专业，但是客户并没有看到，而通过统一着装，他们成功让客户看到了自己的专业。我非常热衷于通过这种方式宣传自己，就拿员工的工作服来说，我当然不会用廉价的衣料，而是用昂贵的免熨烫衬衫，员工穿着这样精致的衬衫，就会精气神十足，自然在客户面前也能够表现得更加自信、特别。

许多公司通过老客户的推荐源源不断地获得新客户。那么，在客户眼中，你的公司值得推荐吗？

许多企业家都在不知不觉中错失了“俘获”客户的机会。比如在我盖房子的时候，如果我一开门，工匠就立马友好地介绍自己的名字和自己的公司，并在进屋前主动穿好鞋套，那么我一定会把这个项目交给他。许多工匠几乎把所有的时间都用在培训专业技能上，他们并不注重如何与客户打交道。如果你能以特殊的方式做得更好，就会给客户留下深刻的好印象。因为到最后，客户不会记得你的价格多么合理或者你的技术多么娴熟，他们只会记得你留下满地的电线头。

而他们恰恰只会跟身边的人讲你进门没有穿鞋套或者不处理满地的电线头。

自我塑造的第一节必修课就是学习如何通过个人外表吸引他人。既然不得不“出现”，那么为什么不抓住机会展示自己，让自己“深入人心”呢？无论是着装、信纸、网站还是公司用车，还是其他可以进一步增加客户信任的展示手段，都会让你从众多竞争对手中脱颖而出。如果客户认为你是专家，那么他们就愿意为你付钱——这个原则适用于各行各业。技工的收入低于专业技术人员，高级医师的收入低于主任医师。高级医师更常做手术，手术经验更多，因为他们没有行政头衔，不会像主任医师那样被日常行政事务分去时间和精力，但是他们的收入却比主任医师低，因为主任医师的地位更高。如果你是一名主任医师，人们总能在电视上看到你的采访、讲座等，他们不自觉就会认为你更加专业、更有能力，这样，自然有更多人愿意为你付钱，你的收入就更高。事实上，“出现率”和专业技能并没有必然的联系。

将专业能力可视化有助于增加客户信赖。

下面这些东西看上去跟商业没什么关系，但却大大影响商业活动的价值。做到了这些，你就不需要再像 Anne Will① 和 Markus Lanz② 那样公开证明自己的专业能力了：

---

① Anne Will 是德国电视一台一档以政治议题为主的脱口秀节目，该节目以主持人的名字 Anne Will 命名。——译者注

② Markus Lanz 是德国电视二台一档以政治、社会、体育等议题为主的脱口秀节目，该节目以主持人的名字 Markus Lanz 命名。——译者注

- 与当地的商业促进会或工商会合作。如果你非常了解某个行业，你可以为这些机构或组织提供宣传讲座、研讨会，或以其他合作形式给他们提供支持，作为回报，你可以成为这些行业机构或者组织的合作伙伴。
- 在公开场合对所在行业发表专业意见。这比你想象的容易，因为新闻媒体很喜欢捕捉商业公司专业服务领域的有关信息。如果你可以联系到新闻、出版行业的编辑，可以发表专业文章或者免费接受电台的采访。借助这样的平台，你可以就自己的行业发表专业意见，让读者或者听众从中受益。例如，2020 年新冠疫情暴发，大规模线下会议或活动因疫情管控措施无法实施，你可以在文章或者采访中为人们推荐好用的视频会议软件。如果你从事园艺工作，你可以提供一些夏季正确浇灌草坪、如何防止阳光暴晒损伤草坪的建议。
- 利用社交媒体或广告宣传册展示自己的合作伙伴、出版的书籍、发表的讲话、做过的采访等。在与客户会谈时，告诉客户你曾多次接受国家媒体、广播电视台的采访，从而将自己的专业形象展现出来，提高客户对你专业性的认可。

> **“自我展示”并不罪恶，是获得成功的必要手段。**

自我展示的核心在于不暴露任何细节，就像变魔术一样，只展示结果，不需要在客户面前自夸就给潜在客户留下非常好的印象。如果你在客户面前提到你刚刚接受过电视台采访，客户一定会认为你是这个领域的佼佼者，即便事实并非如此，也没关系，因为这不是你自己说的，而是客户自己这么认为的。你无法控制客户的思想，但是你可以控制他们想什么。这比企业家自称是“顶尖专家”要好得多，比起人云亦云，人们更愿意形成“自己的”意见，每个人都可以主观地认为某个企业家或者公司好与不好，企业家完全可以利用这种间接影响尽可能为客户留下积极的印象。每个人都得为自己的思想和得出的结论负责，所以客户即使判断失误，也不会把过错归咎到你身上。新冠疫情期间，我写了一篇题为《在危机中销售》的文章，在澳大利亚一家著名杂志上发表。文章好不好、是否有很多人读过并不重要，重要的是杂志社免费得到了专业内容，而我得到了新的“标签”，我下一次讲座又多了一个“卖点”。值得高兴的是，这篇关于销售的文章在澳大利亚获得了不错的反响，他们还基于我的文章又发表了一篇相关文章。我用我的亲身经历告诉你如何展示自己。你要明白：如果什么都不做，你一定无法创造价值。有很多企业家没有充分展示自己，公司效益不好归咎于自己能力不行，自暴自弃。

除了借助媒体推销自己，企业家还可以凭借展示产品抓住客户眼球。网红餐厅就是一个很好的例子。网红餐厅的菜单精致华丽，漂亮的餐盘上放着精美绝伦的菜品，服务员热情洋溢、友好地为顾客介绍特色美食。再想想西餐店，很多人都愿意在那里享受商务午餐，我以前也这样。但是后来我买了 7 个烤炉和肉质更好的牛排，我发现在家就可以做出更美味的牛排，不用再去西餐店了。西餐店的生意永远那么火爆，因为它们通过创造美好的就餐氛围吸引源源不断的顾客，从店门口热情的服务员、舒适的环境、舒缓的音乐、精致的沙拉吧、美味的酱汁、免费的威士忌，到结账时免费提供的糖果。很多人去西餐店并不单单为了吃牛排，更是为了享受那种轻松、美妙的就餐体验，这就需要西餐店善于营造这种氛围。如果不知道如何让自己或者公司展示出这种氛围，企业家可以去游览拉斯维加斯或者参

你可以借助媒体宣传自己和产品，但是要确保你输出的是有价值的内容。

观迪士尼乐园，特别要体验一下它们的 VIP 服务，你一定会从中得到启发。珠宝店会把昂贵的珠宝放在天鹅绒布上展示给顾客；高档精品店会用柔软的纸包裹服装，装在带有品牌 LOGO 的纸袋中；知名演说家会在主持人热情的介绍中，像摇滚明星一样伴着欢快的背景音乐走到舞台上；卫浴设计师在和客户交谈前，会为客户提供一杯饮料，让客户坐在舒服的地方……这些都不是偶然的，是经过精心设计的。作为企业家，你如何设计你自己、你的公司和你的产品或服务呢？

实践经验

也许你能在你最喜欢的餐馆看到一面“名人墙”，那些人走遍世界各地，并在来过这家餐馆用餐后与老板握手合照。你以为这些照片是怎么来的？真相是，这些名人的助理或经纪人会事先打电话跟餐馆老板确认他和他的团队能否免费用餐，回报是老板可以和这位名人合影。是的，你没看错，是免费的！

合影对于老板来说很有吸引力，老板可以借助名人效应宣传自己的餐馆。因此，一个企业家遇到（真正的）名人时，一定要抓住机会与他合影，有时候这根本都不用花费一顿饭的钱。比如有一次我在酒店大堂无意中遇到杜夫·龙格尔（著名演员、导演、空手道大师），我迅速拿出手机……然后我获得了和他的合影。

生存策略 46

在别人的休息日抢占先机

如果你认为埃隆·马斯克每年 10 月都会计算，自己明年如何将

"桥梁日"[1]利用起来休更多的假期，这样的想法简直荒谬。虽然我身边的确有很多人会在这些"桥梁日"请假，这样加上公共假期和双休日，就能拥有更多的假期，他们甚至有些人在每年的12月份就会算好下一年如何利用这些"桥梁日"，在下一年的1月到来前，为自己找到最合适的休假方案，而不顾自己这样做是否会给同事带来麻烦。这样的人不可能挣到很多钱，因为真正能够成功的人不会把"桥梁日"看作延长假期的契机。

如果你喜欢自己的工作，就不会算什么时候放假。

现在越来越多人注重合理分配工作和生活的时间，因此我这样的建议或许非常不受欢迎，但不可否认的是，一个人的成绩与他的努力成正比。我创业的时候，周末在公司加班是常态，周六一般上午9点开始工作，中午12点叫外卖吃饭，之后一直工作到下午6点~7点——此时外卖的电话再次响起。晚上10点，我开车回家。周日一般是从上午11点工作到下午4点。那时我根本不知道什么叫"平衡工作和生活"，感觉它简直是无稽之谈，它只会误导年轻人，让年轻人谨慎地抉择工作和生活，以为生活只能独立于工作之外。其实，我更追求一种工作和生活完美融合的和谐状态。无论工作还是娱乐，都是生活的一部分，有时重心偏向工作，有时重心又偏向娱乐，每个人都可以在特定时间选择自己认为最合适的生活状态。这并不是所谓的"工作狂"。埃隆·马斯克说自己每周工作120个小时，如果你觉得这很不可思议，你可以向其他成功的创业者或企业家求证，问问从事餐饮服务的朋友、成立咨询公司的同事或者问问进军房地产行业的

---

① 桥梁日（德文为Brückentag），是指德国的公共假日与周末之间的工作日，如公共假日在周四，那么和周末间隔的日子周五就被称为Brückentag，如果能够利用好"桥梁日"休假，就能获得更多的连续休息时间。——译者注

熟人，看看他们怎么说！在其他人拼命享受美好假期的时候，他们可能在重新完善产品、优化网络或者思考公司新的发展战略，他们热爱自己的工作，一切的付出都不能叫作牺牲。

要成为顶端的 1%，需做 99% 的人永远不会做的事。

我认为利用“桥梁日”多放几天假不仅毫无意义，而且非常不利于保持良好的工作状态。启动一台机器要比让机器保持平稳运行难得多。人的一生总是面临无数“起飞状态”和“巡航状态”，就像火箭或者飞机，刚开始升空时需要耗费大量的能量，之后只需要很少的能量就可以持续运行。我经常在讲座中提到蒸汽机，因为它的工作原理也适合拿来解释人进入工作状态的过程。我们都知道，蒸汽火车刚开始的提速阶段非常缓慢，这期间司炉工人要一直给锅炉加燃料，让锅炉温度持续上升，直到产生蒸汽驱动火车运行。99 ℃的水不会产生蒸汽，只有水温达到 100 ℃才开始产生蒸汽，这个现象很有趣。也就是说，在锅炉没有将水加热到 100 ℃前，工人要加入大量的燃料，之后就可以减少燃料量，只要保持锅炉中的水持续沸腾就可以，源源不断产生的蒸汽可以驱动火车持续运行。这个道理也适用于工作，特别是在商业领域，只有付出 100% 的努力才有望看见成效，少一分都不行。企业家想要实现长期的成功，就不能满足于 99% 的努力，而是要尽可能多做一点，尽全力接近或做到 100%，甚至超过 100%。他们在准备和客户的会谈时会更加认真，为客户报价时更加仔细，尽力为客户提供更加全面的服务。机会总是留给有准备的人，总是做好准备并且善于抓住机会的人才能成功，我多年来在不同领域中获得的许多成功全都源于“做好准备 + 抓住机会”。普通人和天才的区别在于：普通人知道真理，天才实践真理。

不要浪费你的动力。即使今天是“桥梁日”，过几天就要放假，如果你想在事业上取得成功，就不要管其他人是否已经开始假期，保持自己的良好状态，继续工作。如果你现在还不能克服临近假期蠢蠢欲动的惰性，马上着手解决这个问题，这件事没有人能帮你，能帮你的只有你自己。这意味着坚持和投入，意味着在别人停止时继续运转自己的发动机。刚开始会很困难，但是当你开始一点点加速，学到越来越多的东西，越来越顺畅地处理业务，慢慢你就会开始享受这个过程，以至于在某些时候，你可以体会到工作带给你的快乐，根本不需要再放个假来“休养”了。如今，我每年都要做很多讲座，为很多企业培训，我非常享受这种“巡航”的感觉，我从中感受到了不需要费太多劲就可以保持良好工作状态的快乐。讲座和培训是我梦寐以求的事业，我擅长用我的热情打动别人。虽然到了晚上我也会很累，但是这种疲惫并不需要长时间的休息，更不需要专门去休假。事实上这也并没有什么好大惊小怪的，试想如果你真的热爱一件事，你会想要停下来吗？就好比你是一个球迷，你能忍受没有足球的生活吗？这就叫乐此不疲，这样的生活也是可能存在的！不过在此之前，你得先想办法克服用“桥梁日”休假的诱惑，在别人选择坐下享受假期时，你要在竞争中抢占先机，否则，你将无法实现自己的目标。

实践经验

学会调配自己的时间，把时间花在最重要的事情上。不要随波逐流或者随意听信顾问的建议，你要自己做出决定。利用别人休假的时间“弯道超车”，抢占先机，赢家往往只是比输家多做了一点。

| 生存策略 47 |

养成好的行为“习惯”，成功就是正确的事情反复做

现在，速度正成为公司的核心竞争力，正如宝马公司前任首席执行官埃伯哈德·冯·金海姆（Eberhard von Kuenheim）多年前所说："现在不再是大的吃小的，而是快的吃慢的。"一天只有 24 小时，如果想成功，只有两种办法：要么提高单位时间生产力，要么努力扩大可用时间。有一类人被称为“生物黑客”，其实就是说这些人不断寻找提高身体和精神动力的方法，降低睡眠需求的同时还能提高工作效率。我认为这是不科学的，相反，我认为人需要的不是减少睡眠，而是提高清醒时间内的效率。我们的大脑总是倾向于更加可靠和省力的行为，这是出于原始生存的本能，此时，大脑中形成的“习惯”就开始发挥作用了。

养成习惯是节省时间和精力最有效的法宝。

如果你尝试烹饪，那么做一道新菜花费的时间一定比菜谱上写的参考时间长得多。只有多做几次，熟悉了整道菜的流程，达到一定熟练程度，才能在参考时间内完成。第一次组装家具也是如此，第一次肯定是以失败告终，而且要花费很长时间。你只有不断尝试把家具的零部件一件一件连起来，慢慢找到窍门，才能加快组装速度。我们的大脑很懒，它总是试图节省能量。有时我们看到一些残缺不全的句子仍能快速读懂它的意思，这是为什么呢？丹尼尔·卡尼曼（Daniel Kahneman）提出人有两套思维系统：一套系统快速、本能、无意识，称为“系统 1”——这就是我们所说的大脑中的“习惯”；另一套系统缓慢、费力、有意识，称为“系统 2”。凭借这个理论，他不仅成

为畅销书作家，还斩获了 2002 年诺贝尔经济学奖。尝试回顾一下你的一天都做了什么，从早上上班到晚上开车回家。如果这些事情都需要大脑有意识操控，那么大脑早就崩溃了，正是由于“系统 1”，我们才能毫不费力地完成一些事。

这种在大脑中形成的“习惯”像个工具箱，通过不断重复同一动作，可以轻松、快速、有效地扩充里面的工具。至于到底要重复多少次才能让一个动作纳入大脑的工具箱，不同的人情况不同，有些人需要连续做 21 天、66 天，而有些人恐怕得坚持整整一年才行。但是有一点毋庸置疑：做得越多，大脑对该动作的反应越灵敏，就越容易成为“习惯”。联邦国防军也使用该理论训练士兵。士兵需要多次重复拆卸武器和组装武器，直到可以蒙眼完成全部动作为止。这样，即便在战斗中撞针断了，士兵也能临危不乱。

新事物一旦变成“习惯”，做起来就不再费劲。

哪些事情适合培养成“习惯”呢？我认为是那些在日常生活中可以让你更健康、更自信、更强壮、更放松的事情，具体是什么，你要根据自己的情况自己摸索。想要形成好的习惯，就要经常检查，反思它是否真的适合自己。我也可以给你提供一些我验证过的实践经验，如果你按照我说的去做，渐渐地，你会发现这种习惯会让自己的生活和工作更美好。

健身

经常做耐力训练的人更容易快速恢复精力。此外，体育锻炼可以提高人的免疫能力，这样就可以减少生病，获得更多的时间。我习惯在早上运动，我买了一些健身器材，把它们放在能晒到太阳的阁楼上。每天凌晨 4 点我开始在跑步机上跑步，5 点开车上班。你或许也可以选择骑自行车上班、聘请私人教练或者定期去游泳……采取什么方式并不重要，重要的是你要去做！

定期释放压力

每当我的员工阴沉着脸，一副压力很大的样子冲进我的办公室，在他说话之前，我一定会问他："哪件事是最重要的？"他当然会先告诉我："但是……现在很紧急。"听到这话，我会朝他微笑，帮他消除巨大压力带来的急躁，回归冷静的头脑。接下来我会问他："我们现在应该做什么？如何将我们的计划告诉客户呢？"这样，我一点点引导员工解决问题。不仅是员工，企业家也需要用恰当的方式释放压力。"重构"就是一种帮助人释放压力的办法，可以快速帮人恢复精神并做出正确的决策，它指的是有意识地从更积极的角度重新解释一种情况。比如说，当你遇到一个想不通的问题时，你可以问问自己："这件事放在七年后，我会怎么做？"或者你也可以询问你的前辈，看看他会怎么做。

高效工作

许多时间管理的策略都是为了提高生产力，例如，将一天中效率最高的时间用来处理最棘手的事情或者最重要的任务，在一段没有干扰的时间段里集中处理琐碎事务等。如果你习惯提前一小时到达办公室，那么在其他人来之前，你可能已经处理了很多工作，就能为后面重要的（战略性）问题腾出足够时间。这样的好习惯有助于做决策。做决策往往很困难，支持一方就意味着反对另一方。但是老板不拍板，工作就没办法推进，甚至停滞不前。如果你把决策这件事形成一个固定的程序，你就会更愿意去做。当我做决定时，我会问自己三个问题：①最坏的情况是什么？②这么做可能发生什么情况？③最好的情况是什么？如果我可以接受最坏的情况，那么我就会去做。

培养高领导力

老实说，有些企业家总是召开临时会议，不断给员工施加压力，员工对他们的认可度太低，这样的企业家缺乏领导力。如何提高领导力呢？首先你要为员工减压，然后你要有意识地跟员工一起庆祝胜利，比如在卖出一个大型服务器系统后举办庆祝活动，让员工知道你一直在关注他们的成绩。这样的庆祝活动可以办得非常热闹，让公司的所有员工都知道。但是这个办法有个缺点，那就是有些员工可能无法从中获得跟老板一样的喜悦心情。这里我提几点可以更好提高领导力的行为习惯：

- 先倾听再提问，最后做判断；
- 在着手解决问题前，先问问员工已经为此做了哪些努力；
- 遇到问题不要急于开始做，先看看是否可以交给更合适的人，他是否可以代替你更快、更好地处理，以节省你的时间。如果没有，再自己做。你每天都要问问自己：“我现在做的事情能为我创造更多收入吗？”（参见生存策略 8）

持续学习和成长

作为企业家，你如何保持头脑清醒？你如何定期挑战自己的“系统 2”，即处理难题的能力？即使你很忙，也总能找到学习和提升自己的时间，比如坐汽车、火车或者飞机旅行时，途中漫长的时间就是很好的学习时间。然而很多人都把这样宝贵的时间浪费在 Netflix[①] 上，这让我非常惊讶。我喜欢有声读物，只要有时间，我就会听一听，尤其是英文版的有声书。通过这种方式，我不断扩充自己的知识，并且每天都在练习英语，而且还能让自己免受垃圾信息或坏消息的干扰——如果去听电台，总会听到重复的新闻或者某件丑闻的进一步发展。此外，我也会利用早上刮胡子、刷牙或者运动的时间看看有趣的视频，如 TED 英文演讲或者其他成功人士的视频。每一天开始工作前，我都会先给自己"充充电"。保持这样的好习惯，不仅能无意识地控制自己的行为，还能控制思维！这就是正确的"习惯"。

如果你伸出手臂举一罐可乐，我问你它多重，你可能会说："一点都不重。"但是如果你连续举 1 个小时、3 个小时甚至一整天呢？你可能会累得腰酸背痛，胳膊都抬不起来。因此，让我们感到恐惧的有时并不是"可乐"的重量，而是我们在它身上花的时间。有些事情虽然很小，但是如果不解决，就会给我们带来巨大的负担。所以企业家要经常检查自己的习惯，如果一件事可以帮你成长，就继续做下去，但是如果有些事让自己偏离目标甚至与目标背道而驰，立马停止。如何衡量一个"习惯"的好坏？标准是这个习惯能否帮助你做出成就，而不是是否来自他人给你的建议。即便因此失去一些所谓的朋友也没关系，因为你拒绝他们的建议是有自信的表现，这种自信心是你身上最具吸引力的特点，它会帮助你吸引更多优秀的人。

---

① Netflix，美国奈飞公司，简称网飞，是一家会员订阅制的流媒体播放平台，总部位于美国加利福尼亚州洛斯盖图。——译者注

实践经验

想要改掉坏习惯，最好的办法就是养成一个好习惯。举一个简单的例子：我的一个朋友想减肥，她规定自己晚饭后立马去刷牙，这样她成功戒掉了巧克力，瘦了好几公斤。

还有一个建议：如果养成一个习惯要花大量时间，你可以考虑改变一下策略方法。比如，如果在地下室里的健身房运动让你感觉很不舒服，很难坚持下去，那就把健身房搬到阳光明媚、风景秀丽、拥有大窗户的阁楼上。

生存策略 48

把专业技能内化为“潜意识”

想象一下，如果你需要在国外做一个讲座，主题是介绍如何使用开瓶器。即便你把讲稿背得滚瓜烂熟，站在台上滔滔不绝，但是你连开瓶器的英文单词是什么都没记住，甚至你连开瓶器的实际概念、操作方式都不知道，这场讲座能给听众带来多大的享受呢？相反，如果你掌握了这个主题的基本概念，即使在英文演讲中偶尔忘记了几个词汇，以往的经验也可以让你在演讲中游刃有余，因为你总能以一种简单的方式让观众理解你的概念或方法。因此，辨别一个人是否精通某一领域，可以看他（她）在跟你谈话时是否需要借助文件资料（幻灯片、小册子或说明书）。

成功者的每一步都是计划好的，心中有数，这样才能信心十足、游刃有余。在销售会谈中，自信的人总是能轻松说服客户。我所说的计划，是指针对自己的项目做充分的准备，而不是仅仅练习僵硬的谈话技巧或死抱谈话大纲。因为不同的谈话情况不同，一套技巧或大纲并不适用所有的情况，你必须根据不同的情况做不同的准备。一旦做好充分准备，就不再会紧张慌乱，客户也会看到你的沉稳和自信——这是非常吸引客户的，客户最害怕你不自信、不专业。对于客户来说，你应该拥有强大的专业能力，而将这种内在的信号传递给客户的有效手段就是自信的谈吐和沉稳的风格。如果企业家或销售员与客户一见面就显得无比紧张和慌乱，那后面的谈话恐怕就是一场可怕的灾难（关于这一点，我会在后面详细介绍）。

做好准备，抓住机会，走向成功。

我经常做一些看上去有风险的事。比如，我每次的讲座内容都不同，这会让不了解我的活动举办方非常不安。但是我觉得，如果我不考虑观众的真实需求，每次都说同样的话、做同样的事、介绍同样的内容，那我就不再是一名演说家，而是一位老师。因此，每一次讲座前，我都会刻意留出时间，让每个参与者都有机会说出他们的愿望和期待解决的问题。我将他们的需求一一记录在挂图上，作为当天要讨论的核心内容。我永远都无法提前知道我的讲座主题是什么、需要解决什么问题以及讨论范围有多广，每一次讲座都是一场挑战，刺激观众的神经，也激发我的大脑。每一位参与者都能获得他们期待的东西，而不是听我说一些他们早就知道的东西。每一场讲座都能带给我新鲜感，我总是能处于最佳状态。求新思维也极大地影响了我的商业行为，它意味着今天的工作不是对昨天的重复，而是要在新情况下另辟蹊径，并将方法展示给观众。许多同事认为我这么做风险太大，要承受巨大的压力，会搞得自己精疲力尽。针对新的群体，调整方案，拿出新的解决办法，相当于无偿付出，许多人认为不值得，不如以相同的方式介绍同样的内容那样省时省力。但是，他们没有想过，每一场讲座中，观众新奇的想法、宝贵的建议、遇到的问题是否也会为企业家打开一扇大门，引导企业家发现新世界？

不要以为我第一次讲座就敢这么做，那时，我的准备相对刻板，甚至因为紧张或兴奋睡不着觉。谁能保证自己第一次就能做好？当然不能，每个人都是这样，很正常，千万不要因此否定自己或者躲避挑战，这很不理智。相反，企业家要尝试角色扮演，预测可能发生的情况，做好应对突发状况的预案，刻意训练自己的话语和行为，直到把这一切内化成自己的习惯，谈话时不再需要大脑思考，行为谈吐自信沉稳，像呼吸一样自然。当你把谈话技巧变成自己运用自如的能力，你的成就就会超越许多人。此时，你的大脑将注意力从“完成谈话程序”成功转移到客户身上，倾听客户意见，观察客户手势、表情和其他信号。根据获得的信息，你可以判断客户对哪些内容感兴趣以及如何激发客户的热情——这关乎销售技能，可惜很多人只是拿客户来“练手”而已。

拿客户“练手”的人就是把机会白白让给别人。

良好的准备包括两部分：①拥有夯实的知识储备和丰富的经验积累。你要保证自己的技术是最先进的。其实做到这一点并不难，当你对产品或服务充满热情，你就会主动查看相关信息、文章、视频、播客、书籍，参加培训或讲座，也会定期在喜欢的媒体上学习。如果你足够爱它，那么对你来说这些就不再是“工作”。作为供应商，你不需要对每一个复杂项目的细节都熟记于心，但是无论是卖保险、做餐饮还是做公关，起码你得对自己行业的基本情况和最新趋势有所了解。我在培训中发现，销售员总是试图生搬硬套“标准的解决方

与其事到临头后悔莫及，不如早点努力做好准备。

案”，或者连一些最基本的问题都回答不上来（如每小时服务费、出差补贴等），这让我很无语。②对谈话技巧、职业形象、自我介绍进行针对性练习。你可以选择在家里的镜子前练习，也可以参加角色扮演、研讨会。总之，在准备好之前，不要轻易见客户。以上这两点既可以提高你的能力，也可以锻炼你的心态。每个人都要为自己的成功付出努力，阻碍你成功的不是每天的工作计划，不是困难的客户，也不是激烈的竞争或者经济环境不景气，而是你自己没有足够的自信和底气——客户会注意到这些！

实践经验

如果你想成功，就要日复一日努力工作，不仅要在专业知识上精耕细作，还要把学到的知识和技能内化成潜意识，确保就算睡着也不会忘记。当你的大脑形成“习惯”，你就能轻松自如地运用了。

生存策略 49

专业教练帮你走向商业巅峰

不是有想法就能成功，成功要靠行动。马克·扎克伯格曾通过脸书成为世界上最富有的人，几乎所有人都把他视为脸书的创始人，但其实这个想法最初来自他的同学卡梅隆·文克莱沃斯和泰勒·文克莱沃斯两兄弟，当时他的同学把这个项目叫作“ConnectU”（取自 Connect you）。扎克伯格将这个想法付诸实践，赚了 840 亿美元。虽然引起一场产权纠纷，法院判决扎克伯格向卡梅隆和泰勒·温克艾沃斯赔偿 6 500 万美元侵权费，但是相对于庞大的利润来说，这点侵权费简直不值一提。2010 年上映的电影《社交网络》(*The Social Network*) 还以扎克伯格为原型讲述了这位亿万富翁意外成功的故事。这个故事说明，思考只是第一步，成果源自行动力。

许多天才的想法都被深深隐埋，等待着愿意实施它的人。比如早在 1964 年，奥林巴斯公司就已经申请了小型便携式磁带机的专利，但是到了 1979 年索尼公司开始生产随身听时，奥林巴斯的专利已经过期了，索尼因此大赚一笔。柯达的案例也很典型，1975 年柯达的工程师发明出第一台数码相机，但是 15 年后才开始批量生产，如果柯达能早一点开始产品转型，也不至于破产。不仅公司要有行动力，人也一样，行动力意味着勇敢跳出舒适圈，接受新事物的挑战。尽管离开舒适区很难，但是要想成功，我们就得这么做，这是个态度问题。

舒适区不是提供安全感的地方，而是梦想死去的地方。

在成功学中，“态度”频繁出现，但是这个词太过抽象，究竟什么是态度？我把它比作身体里的一个恒温计，我们每个人都可以表达自己对房间温度的感受，太冷？太热？还是刚刚好？这种判断并不基于温度计上实际数值，而是靠我们的感觉，我们将当下现实情况与我们的喜好进行对比，得出结论。在这个过程中，发挥作用的就是我们身体里的“温度计”，这个“温度计”负责将身体调试到令我们感到最舒服的状态，如果环境温度超过或者低于这个范围，我们就会感到不舒服，想方设法再次回到舒适的状态。如果我们的身体状态处于最佳范围内，我们就能展现出最好的自我，自我形象（即对自己的认可度）会提高。反过来说，自我形象和自我评价会决定我们的感受。如果你认为自己不适合演讲，那你一

降落伞只有在你跳下去时才会打开。

定不会在公众场合发言。自我形象决定我们对外界变化的行动或反应，这就是所谓的“态度”，与实际能力无关。我想这就是亨利·福特（Henry Ford）所说的“不管能还是不能，你都是对的”。

如果企业家想要走出舒适区，可以尝试很多方法。虽然很艰难，但是所有的努力都会有回报，这会给你自由、成功和更大的行动空间。你的人生像一根橡皮筋，你不能决定它的宽度，但是你可以努力拉伸它的长度。甚至当你开始享受这种挑战时，这条橡皮筋再也不会回到它原来的状态。突破边界总是需要有勇气改变现状，但是一旦克服巨大阻力做到了，这个边界就不会再轻易缩小。正是因为当年的海员们有勇气，他们才能发现新大陆。相反，由于缺乏勇气，害怕踏上新“海岸”，柯达才会破产。那么问题来了，如何才能变得有勇气？一个行之有效的办法是为自己设定一个可以实现但是又具有挑战性的目标，通过实现这样一个又一个小目标，你就会越来越有勇气，你的“橡皮筋”就会越拉越长。那些努力跳一跳就可以实现的目标会增强信心，让你变得更有勇气。如果你想加快这个过程，你也可以寻求伙伴（培训师、导师、教练）的帮助。原因很简单，一个好的伙伴可以帮助我们找到自己的潜力，更快突破界限。如果我们产生畏难心理，开始找借口、满足现状，他们会为我们敲响警钟，有针对性地为我们转变思想。和他们在一起，你会把“橡皮筋”拉得更长。

一个好的教练不会让学员相信教练，而是让学员相信自己。

人可以打破自己的生理极限，这一点在竞技体育中体现得淋漓尽致。1954年，罗杰·班尼斯特（Roger Bannister）在4分钟内跑完1英里[①]，创造了世界纪录，打破了人类跑完1英里的极限为4分钟这

① 1英里=1 609.344米。

样的医学定论。直到今天，这个纪录还在不断刷新，最新的纪录是 3 分 43 秒，而 4 分钟的纪录早已经被专业运动员打破了 1 500 次。我相信，从 1954 年至今，人类的遗传基因并没有发生重大改变，唯一变化的是我们的信念。这要感谢班尼斯特，他使我们见证了信念的力量，后来也被称为班尼斯特效应。

我拜访过国内外很多专家，和他们交流“错误”“成功”“市场机遇”和“可规避的风险”，让我受益匪浅。他们帮助我突破心理极限，在专业上取得了更快的进步。其中，获得奥运会金牌的布朗尼·苏林（Bruny Surin，加拿大男子短跑运动员）对我帮助最大。许多体育明星退役后就再难开启自己的新事业，而布朗尼·苏林不同，他开始举办讲座，为人们讲授心理课程。当我问他是如何让自己退役后的职业生涯如此成功时，他说：“菲利普，在我作为职业运动员的时候，我有 8 个教练——一个装备教练，一个按摩教练，一个健身教练，一个训练教练，一个心理教练等，正是通过这个团队，我才有能力在奥运会上夺得金牌。所以当我退役后选择经商时，我明白自己还需要商业教练。因为总有一些人可以帮助我们看到我们看不到的东西，用他们的专业知识帮助我们释放出最大的影响力。”

实践经验

面对新事物，迈出第一步是最难的。但是一旦你开始取得进展，后面的事情就会变得容易得多。这就像吹气球，最初的两三口气很费力，你会感受到强大的阻力，但是这种阻力渐渐就会越来越小，最终消失。当你不敢迈出第一步的时候，想想你已经做成功的那些事，学习外语、数学、滑雪、开车、游泳、弹钢琴……成功的人往往就是在几乎想要放弃的时候多坚持了一会儿。

| 生存策略 50 |

要有成长型思维，勇于打破舒适区

如果一个人害怕蛇，他可以不去动物园。但是如果一个人恐高呢？可能就会对他的生活产生很大影响了。现在，我们越来越频繁地见到各种玻璃建筑物，电梯、透明的楼顶、高空餐厅、玻璃桥……还有去游乐场时朋友争先恐后要坐的过山车。我有严重的恐高症，连摩天轮都不敢坐，这个问题多年来一直困扰着我。于是我找了一个教练，让他帮我克服恐高。在教练的指导下，我从 4 000 米的高空跳伞，并有意识去体会在那种极端刺激下我的感受，找到问题，然后对症下药。当我意识到我不再恐高时，那一刻我真的感受到了无与伦比的幸福，这种幸福感是对我勇敢克服困难的奖励。如果你想成功，你也要善于积累成功克服困难的经验，反思自己是如何从“不可能”变成“可能”的，这就是那些成功人士得以成功的秘诀。积累这种经验并学会运用它，你就能不断发现自己的潜力。你会发现，你的潜力远比你想象得大，只要你努力，你完全可以实现更高的成就。然而，据我所知，大多数人都白白浪费了自己的潜力，试图以一种舒适的方式度过平凡的一生。如果你不想这样，你就要积极开发自己的潜力。

离开舒适区，外面的土壤很肥沃，每个人都能茁壮成长。

我所知道的最好的成功之道就是建立自信，没有什么力量能比相信自己更强大。只要我们坚信我们能成功，我们就一定能成功。什么是能力？能力就是我们相信自己能在截止日期前高质量完成预定任务。也许接受任务时，我们还没有足够的能力，但是我们知道我们该完成哪些工作，并且会在某一天前学会所有必要的知识或技能，然后在此基础上制订一个有说服力的问题解决方案。

虽然我本人不太喜欢学术理论，但是斯坦福大学的教授，发展心理学家卡罗尔·德韦克（Carol Dweck）有一项关于“心态”的研究，十分有趣。她在研究中注意到，同一个班级中，不同孩子面对困难任务的反应不同。有些人十分好学、热衷解决棘手问题，而另一些人面对困难很快就放弃了。德韦克把第一类孩子归为“动态的自我形象”，也叫“成长型心态”，把第二类归为“静态的自我形象”，也叫“固定型心态”。

你是思想的主人，还是思想的奴仆？

成年人的心态也可以分为这两种。“固定型心态”的人倾向于限制自己的行为，喜欢安全感，认为自己没有做某件事的天赋，或者自己不可能学会新技能。而“成长型心态”的人相信自己可以在挑战中成长，相信通过努力会取得成就，即便失败也能从中获得宝贵的经验。没有人能一直保持积极的心态，但是经过观察前辈和自我学习后，人们总是给自己一个确定的定义——自己是“成长型”还是“固定型”。命运不是不可改变的。

你无法改变环境，但是可以改变自己。

即便我如今已经事业有成、财务自由，我仍然要背负诸多情感包袱，阻碍我发展。我很爱我的母亲，我可以为她做任何事情，包括不厌其烦地为她处理电脑故障。然而，我的母亲总是患得患失，在她眼里，没有机会，全是风险，这种不安的情绪像是一种传染病。当我租下第一间办公室时，她总问我是否真的买得起；当我为公司招聘第一批员工时，她担心我是否操之过急；当大批难民涌入德国时，她担心难民会强行住进家里；当我去非洲或者其他地方举办讲座时，她担心我会不会生病……40 年来，每当我做决定时，她总在旁边提醒我这件事存在风险。我已经学会如何应对这些声音，这也正是我要告诉你的：我们必须是自己思想的主人，我们要学会辨别是非对错，知道哪些建议可以帮助我们进步，哪些建议是我们成功路上的绊脚石。不管是工作还是健康、私人生活、金钱，都是如此。对身边人的评论或建议，我们要时刻保持审慎的态度。

有些人提建议是为了保护我们，尽管他们也没有什么好办法。但是有些人仅仅是为了阻止我们离开他们，所以企图强迫我们留在原地，他们并不害怕我们失败，反倒担心我们成功。我们的成功会昭示他们的失败，而他们不愿意努力也没有勇气承认失败。

说回自信，你一定想知道如何增强自信吧？最好的办法就是直面挑战，不断发掘新情况，尝试应对这种新变化。第一次可能不会成功，但是通过一次又一次地尝试，我们练习的次数越多，我们掌握的经验就越多，我们对自己就越有信心。我保证，刻意练习一定会让你变得更好。幸福来源于勇敢克服挑战。当你经过慎重考虑，愿意承担风险时，其实就已经向前迈了一步了，这种突破会给你信心，当你最终真的取得了成功，这种正反馈会更加坚定你的信念，然后你就有勇气开始下一项新的挑战……如此往复，形成良性循环。这就是成功的秘诀！这套秘诀也可以用于员工管理，我在讲座中曾提到，适当提高对员工的要求有利于激发员工的潜力。但是如果一个人不愿意建立自信，那么逼迫他不断接受挑战就是在让他不断承受打击和失败，一系列负反馈会让情况更糟糕。如果一个人不想做什么，他一定能给自己找到冠冕堂皇的理由，“我没有专业知识”“我没有钱”“我没有能力”……这些都是借口。

实践经验

1. 幸福不是结果，而是沿途的风景。只有用心感受每一次突破，才能获得更多的能量和持久的幸福。

2. 不是只有成功才能幸福，世界上有很多不幸福的百万富翁。只有你感到快乐，你才能成功。乐观的人会吸引其他乐观的人，他们会是你成功路上的强大助力。没有人愿意和一个整天唉声叹气的人做朋友。

生存策略 51

多向商业成功人士请教

你想避免痛苦、弯路，尽快成功吗？毫无疑问，谁都想！我们从孩童时就知道毅力、进取心、有原则是通往成功的必备品质，很多人都认同这一点。但是如果仅靠毅力、进取心和原则，可能我们需要相当漫长的时间才能到达成功的彼岸。成功不仅需要意愿，还需要一张好的地图，换句话说就是目标和战略，而一般人恰恰缺乏这些。如果你的目标是南方，而你全速朝西方跑，不论多么努力都没用。要想避免这些痛苦、弯路，更快实现成功，就需要一个正确的榜样发挥作用。

成功并不是一定要一个人完成所有的事情，你可以允许有经验的人带领你，为你人生的大船掌舵。事实上，独自一人踏上这条“人生”之旅，把发生的一切都看作“惊喜”，遇到问题再临时想办法，是毫无意义的。今天，成功不再取决于你从哪里来，而取决于你和谁一起走。这一节里，我想让你知道，由于你没有足够的时间去寻找自己独特的方法，模仿比探索更有意义。问问自己的心，找出自己真正想做的事，确定目标。一旦有了目标，你就开始寻找那些已经做成了这件事的人，如果你也想过上他那

目标赋予我们的生活以意义和方向。

样生活，就努力搞清楚他是如何实现目标的。一般来说，成功人士都有强烈的表达欲，都愿意把自己的经验分享出来，写书或者公开演讲，其中也会包括他们失败的案例。利用好这些信息，你会让自己少踩很多雷，更快达到榜样的位置。有人一再说，成功很难。真的是这样吗？或许成功确实很难，通往成功的路也很乏味，但是我们完全可以用一种巧妙的办法减少阻碍。

人生不会为勇敢的人颁奖，奖章属于成功的人。既然如此，有捷径为什么不走？

那么，哪些人是我们应该学习的榜样呢？有人可能一下子就想到了政治家、音乐家、电影明星、科学家或者诺贝尔奖得主。在我看来，这些人都太遥远了，我们根本没办法向他们学习。我们应该去找那些更接近我们目标的人。比如说理查德·布兰森，他开创了许多公司，其中一些公司非常成功，赚得了数十亿美金。布兰森可能和你所处的社会阶层不同，但是作为一个企业家，他也会面临和你一样的问题。他也需要定位市场、想办法打败竞争对手、说服别人和他合作……一旦你学会了他的方式，你就可以把同样的模式套用在自己的公司里。倾听这些成功的企业家分享的经验、失败和制胜之道，想想自己可以用到哪些，然后开始行动。

我 18 岁开始创业，没有导师、教练，也没有可供学习的榜样。我依靠在联邦国防军、大学以及其他地方获得的知识和经验独自探索了 8 年，赚了 10 多万欧元。直到 2019 年，我才真正实现目标：公司不再需要我亲力亲为就能赚钱——2019 年我只去了两天，但是公司达到了七位数的营业额，利润可观。我之所以有时间游历世界，是因为我创建了一支可以独立工作的团队，没有我，他们一样可以找到客户并完成公司的所有工作。2020 年秋天，一个投资人看上了我的工作团队，我就把公司卖了，尽管我花了 20 年才实现从日常业务中抽身的目标。而我的演讲事业第一年就赚了10多万欧元。不同的是，办公司时我自己一步一个脚印探索，而我在刚开始演讲时就向最成功的演讲家学习。如果企业家也想让自己脱离公司的日常事务，那么与其自己花20年探索，不如找我寻求经验，这方面我就是你可以学习的榜样。早就有人说过要向有经验的人学习，2000年前的塞涅卡（Seneca）[①]就曾说过："开拓之路不好走，前辈可以告诉你捷径。"只不过，很少有人听进去。

你不一定非要多么喜欢榜样，也不一定需要和他们私下建立联系。关键是，你得辨别出谁是能够帮助你解决瓶颈问题的人，并通过他们的故事坚定自己成功的信念。这就是榜样的另一个好处：帮你消除疑虑。很多时候，让你感到挫败的不是真正的失败，而是自我怀疑。很多人一直都没有实施自己的想法，只是因为他们怀疑自己，而怀疑正是行动的阻碍。无论你做什么，一定会有人问你："真的能行吗？"或者劝你："千万不要放弃这个高薪工作，这会让你永远失去保障。"还有的人拼命提醒你注意风险。能否成功？是否应该放弃高薪工作？或者是否有风险？对于这些问题，一个已经成功完成类似事情的人通通可以帮你解决。如果你有幸和他们合作，那么他们一定会竭尽全力让你成功，并且成功的可能性非常大，毕竟他们已经不是第一次做了。他们借助自己以往的经验做事，并不断用此激励你。你可以学习他们如何做出出色的决策，你会发现他们的成功不是靠运气，而是靠能力，这对你来说是个很好的自我提升的机会。因此，如果有这种一箭双雕的机会，你一定要抓住。

好的顾问告诉你什么是可能的，如何做到。不好的顾问会加重你的自我怀疑。

---

① 塞涅卡，古罗马政治家、作家、雄辩家，著作颇丰。——译者注

实践经验

不要把你的创业生活搞得无比艰难，你可以借助榜样的力量，学习他们的方法。如果你需要解决颜色方面的问题，就不要找一个盲人做顾问。如果你想成功，就不要找一个没有成功的人做导师。勇敢请教成功的人，不要害怕他“刁难”你，一个好的教练一定会为你设置各种艰难的障碍，这些障碍都是你成长的机会。他会问你：“你打算怎么做？”然后细致地检查你的工作，一旦发现问题，立马给你指出来。

生存策略 52
沟通是解决问题的武器

沟通可以帮助你顺利解决很多问题。采取行动、实现目标、建立合作甚至摧毁生意都需要用到沟通。每个人都知道，一把刀好不好用取决于人怎么用。语言也是这样，话语能产生巨大的影响，至于是积极影响还是消极影响，看怎么说。这一点在独裁政权中可以看得非常清楚，比如罗马共和国后期到人类历史的至暗时刻——纳粹时代。仅凭武力或威胁，任何政治家、执政者或“领袖”都无法让群众全心全意跟随他，只有通过极具煽动性的言辞才可以做到。无论是为自由而战的勇士还是勇往直前的英雄，都是这样获得大众支持的。但遗憾的是，很少有人愿意花心思去提高自己的沟通技巧，即使像企业家、经理人、培训师或销售员这些已经取得职业成功或者与沟通密切相关的人也是如此。2013 年的一项统计数据显示，“公开演讲”已经成为“人们最常见的恐惧”之一，对此感到恐惧的人占总调查人数的 41%，而对疾病或死亡的恐惧人数还不到

> 没有良好的沟通就没有说服力。

它的一半（19%）。如果这份统计数据属实，说明对于有些人来说，“让我演讲，还不如让我死”。

其实，公开演讲并不难。在我的生活中，我经常会看很多著名的演讲，比如马丁·路德·金的演讲，因为他的演讲比尤利乌斯·恺撒的演讲更容易懂。再比如温斯顿·丘吉尔（《带着血泪和汗水抗争到底》）、约翰·肯尼迪（《我是柏林人》）、史蒂夫·乔布斯（《保持饥饿，保持愚蠢》）或巴拉克·奥巴马（《是的，我们可以！》）……你能轻松找到他们的录音或影像。看看这些著名的演说家是如何演讲的，你一定会深受启发。你会发现，他们的演讲中都有以下特点：图像醒目、语言激励人心、句子简短平实、逻辑清晰。库尔特·图霍夫斯基（Kurt Tucholsky，德国记者、作家，魏玛共和国时期最重要的评论家）曾经写过一篇非常实用且有趣的文章，其中有“给一个糟糕的演讲者的建议”，如果你感兴趣，可以去网上搜索一下。如果你也想提高自己的演说能力，那就立马行动起来吧。我简单将库尔特·图霍夫斯基文章中的内容写在这里：

给一个糟糕的演讲者的建议（库尔特·图霍夫斯基）

“主要观点、主要观点、主要观点。

脑子里要有清晰的方案——尽量不要写在纸上。表达真实感情，声音要优美动听。

演讲者不要照搬百科全书，百科全书人们已经有了。

单调的语气会让人无聊，时长千万不要超过40分钟。不要试图解释你不懂的东西。演讲台很无情，你的听众可以一眼看穿你——比日光浴还要赤裸裸。

奥托·勃拉姆斯（Otto Brahms）说过：作为演讲者，无法打动听众，你怎么会有机会呢！”

关于如何沟通，许多鸿篇巨著都有详细的说明。这里，我只谈几点生活中可以用到的建议：

如何通过沟通提高领导力

我曾是德国联邦国防军的军官，在我 20 岁出头的时候，我幸运地拥有了很多锻炼领导力的机会。后来经商后，我的员工越来越多，现在回想起来，我发现有时候员工数量已经超过了我能驾驭的地步。刚开始，谁都没经验，我也是。我只能自己尝试不同的方式，要么独裁，要么和员工协商。然后我也尝试了从培训师那里学来的技巧，但是好像没什么用。直到我逐渐形成了一套适合我自己的领导风格，才走向成功。在这个过程中，我意识到的第一件事是，响亮的声音并不能吓住任何人，反倒体现出自己的软弱。如果你对“成功”的定义是实现预期结果，那么就不要大声喊，而是要坚定、自信、平心静气地说话。那些大声喊的人，是因为他们意识到自己失去了主动权，企图用大声喊叫扳倒对方，让对方服从自己，这是一种意识到自己似乎无法实现预期目标时无奈的选择。

我从不大声喊，就是在联邦国防军服役时也不这样。有一次，部队要进行为期四周的军事演习，当进行到第三周时，队长把我叫去谈话，问我是否声带有问题，因为已经三周了，他从未听到我大声说话。如果没有在部队待过，你可能无法理解，在部队，从早上点名开始，每个人都得大声喊话，这已经成为一条不成文的规定了。由于我跟队长关系还不错，我直接问他：“我们总共有几队？”“8 队。”“哪一队表现最好？”“你那队。”“谁声音最小？”“你。”“为什么呢？这里面是否有某种

> **无法拿道理说服别人的人才会试图通过大声喊叫让别人屈服。**

关联呢？”队长笑了笑，“你的意思是，因为你声音小，所以大家表现更好？”我说：“难道不是吗？如果一个人做错了事，我还继续对他大喊大叫，他只会错得更多更快。”这对谁都没好处。我认为，如果我的士兵没有做对事情，很可能是因为我没有说清楚任务。因此，每次下发任务后，我允许他们向我提问，以便我及时解释清楚不明白的地方。这样，任务实施时我就不必一再强调，每个人都分工明确，非常清楚自己必须完成的任务是什么，这比怒气冲冲地大喊大叫要有意义得多。

关于另一个提高领导力的沟通技巧，我还得感谢西蒙·斯涅克（Simon Sinek）。他在他的著作《团队领导最后吃饭》中描述了一个即使是非常成功的领导者有时也会忽略的现象：领导的位置本身就会给他们的话语增加分量。因此，作为老板，如果你第一个发表意见，那么员工还怎么畅所欲言，开团队会议收集所有员工想法的初衷就会难以实现。优秀的沟通者一开始什么也不说，只是倾听，保证每个人都可以直抒胸臆。在所有人都表达了自己的观点后，老板将所有的观点浓缩，再补充自己的想法，得到一个最合适的方案。如果管理者一开始就先提出自己的观点，然后才让其他人发言，这根本毫无用处，没有员工会公开反对老板。

自说自话的人什么都学不到。

如何跟客户沟通

和客户对话可以助推个人发展。尽管刚开始这样的对话很难，有时甚至不得不在客户办公室进行，让人感到紧张。但是如果能掌握技巧，企业家将成为一个眼光独到的沟通专家。在我的职业生涯中，作为一个销售员，或者作为一个总经理，在很长一段时间内，我是公司紧急情况下的主要联系人，因此我有很多和客户交谈的经历，从中学到了很多。后来我专门安排员工也参与这样的会议，锻炼他们。通过有针对性的准备，员工很容易掌握谈话的主动权并获得最终的胜利。正如《哈佛模式》中所说，一个好的谈判结果应该实现双赢。这一点当然没错，但是对我来说更重要的是，要实现我的预期目标。对此，我有一些战略性建议。

如果在客户的地盘上，客户很有可能在办公室或者会议室与你见面。那时，东道主（客户）几乎不会专门为你安排座位，但是表面上还是会让你自由选择坐在哪里。此时，你如果可以准确判断出“主人”的位置，情况允许的时候，你就坐在那里。你坐在哪里对你自己来说无关紧要，但是对于客户来说却有不同的意义，因为换一个新的位置总需要时间适应，此时受益的是你。或者，我也建议你选择一个身后有一面墙，同时面朝门的位置，这样整个房间尽收眼底，不会突然发生让你吃惊的事情。除了注意到这些细节外，如果你能在谈话中排除杂念，全心全意投入其中，结果一定不会太差。

还要注意一点，在商务谈判中一定要做好笔记，这很重要。我在会谈时总会带着平板电脑或者笔记本，以便将会谈的要点记录下来。这样做有几个好处：首先，记笔记表明你非常重视客户的观点或要求，让客户觉得自己受到了尊重和关注，满足了客户的虚荣心，会大大增加客户对你的信任。客户会认为你之所以把他的话记录下来，是因为赞赏他，同样，他也会因此而赞赏你。其次，笔记可以让你记住客户的措辞、表述，这样在随后你向客户提问或者做总结时就可以“照搬”客户的话。用客户的话描述问题或者总结工作会让客户觉得你确实明白了他的意图，更有助于你拿下合同。如果你能在表述中使用到客户重复使用的关键词，也可以提高说服力。

在和客户会谈时，你坐在哪里并不是无关紧要的。

在处理客户投诉时，记笔记也是很好的手段。客户把你叫去抱怨某些地方非常糟糕的时候，他们非常恼火，非常情绪化，所以他们会不自觉地越说越快，越说越大声。如果没什么经验，企业家或者销售员很快就会对着客户大声辩解，这样做的后果可想而知——你们会吵得不可开交。如果你不想这样，就要保持理智，把笔记本放在桌上，告诉客户今天来的目的——为他找出原因并解决问题。然后，请他开始描述问题，此时你要做好记录。如果客户说得很快或者很大声，你要写得慢一点或适时打断他，向他提出问题或者请他重复一遍问题，然后简单总结："我不知道我这样理解是否准确，您的意思是……吗？"客户看到你在努力理解他的困扰，并认真记在本子上，就会渐渐平静下来，不再朝你愤怒地喊叫。他会主动调整沟通方式，以便让你清楚理解他的意思，此时，你只要继续认真耐心地记下客户的诉求就好了，然后在结束时总结一下内容。这种方法可以帮助你在每次谈话中都获得主动权，会让紧张的气氛逐渐放松。当客户倾诉完所有已经出现的问题后，你还要问问客户是否还有其他需要解决的事情，如果有，就在"问题清单"上再加几项，充分照顾到客户最关心的方方面面。

每个人最大的弱点都是虚荣心。

做笔记可以体现出认真的工作态度和真诚的服务态度，这无疑可以提高你在客户心目中的形象。在谈话中体现出专业性，比任何广告、优惠和礼品都管用，这叫作"投诉悖论"——投诉得到满意解决的客户比不投诉的客户对产品或服务的满意度更高。同时，如果你要求客户重复问题，他就没有力气喊叫了。只有你表现出对客户的尊重，他们才会以同样的方式对待你，这就是为什么我要求员工在和客户谈话时要做好笔记，在客户情绪激动时让他们重复问题。刚开始可能这是一个巨大的挑战，并且光拿笔记就想"控制"客户听上去不太可能。但是，一旦他们开始尝试，就会发现这个办法多么好用，极大地提升了自信和解决问题的能力，还能增进和客户的关系，有时甚至员工会觉得这样的谈话很有趣。

实践经验

德国石荷州的前州长海德·西蒙尼斯（Heide Simonis）曾经开玩笑说，她能成功是因为她可以一连开几个小时会议不用上厕所，本来这是男人的优势，因此让男士非常恼火。听起来好像没什么，但是确实一针见血！在跟客户谈话前如果你喝了很多水，最好先上个卫生间，以免谈话进行到关键部分时被打断。如果谈话有明确目标的话，这种中断会降低说服力。因为你本来已经为这次谈话建立了很好的节奏，中断谈话会打乱节奏，而且当你出去上卫生间时，其他人在你缺席的情况下继续商议也明显不太合适。因此，最好不要让这种不必要的事情打断谈话进度。

生存策略 53

错误的建议会毁掉你的一生

没有人会向胖子询问如何减肥，即便是免费咨询也不会。人们想减肥，一定会问一个身材苗条、身体健康、容颜姣好的人。但是让人无语的是，总有些人明明自己都不具备资格，还妄想给别人提供成功的建议。特别是在今天，互联网如此发达，你如果对一个专家很感兴趣，轻轻点击几下鼠标就能找到关于他的详细资料，看看他是否真的是相关领

> 如果你想开奔驰车，就不要听摆路边摊的人的建议。

域的专家。如果你无法在网上找到他的信息，或者只有几条难辨真假的资料，你就应该谨慎了。社会中不乏一些人，自称是管理专家，却从未管理过自己的员工，还有些人，天天以“销售精英”自居，其实销售知识都是从书本上搬来的。

我认为，在考虑如何发展自我、规划生活或工作、实施战略目标时，与专家反复交流吸取经验，远胜于参加培训课。不管是自己一步一步实践得出经验，还是直接采纳专家经验走捷径，都可以成功，不同的是后者可以更快、更有效。成功往往只看结果，不问过程。通过结合专家的经验和自己的能力，企业家可以更有计划、更快速、更持久地获得成功。想想错误的机会成本，你就会发现，直接借助专家经验不仅不花钱，还能挣钱！如果脸书创始人马克·扎克伯格没有及时从其他成功的企业家那里获取经验、取长补短，他或许根本不会成功，但是他很聪明，他就是这么做的，于是他成为世界上最富有的人之一。

虽然我一直主张向别人学习经验，但是有一点企业家要切记：不要接受那些自己还没有成功过的人纸上谈兵的建议。每个人都或多或少知道熟人的事情，但是这并不代表他有资格提出建议。一个银行雇员告诉你买哪些投资产品或投资服务可以实现财务自由，如果真的是这样的话，他自己为什么不买呢？为什么他没有实现财务自由，还是个小雇员呢？因此，如果一个人只是纸上谈兵，不管多么有道理，都不要听。比如，我认识一位优秀的厨师，他做的每一道菜都非常好吃，但是非常不幸，他听了朋友的建议去开自己的餐厅——菜做得好吃不一定就有能力经营一家餐厅。结果的确不出所料，很快餐厅就倒闭了，这当然不是因为厨师做的菜有问题，而是因为厨师成为餐厅老板后，完全不明白什么是成本计算、会计、营销、员工管理等。如果他聘请一位有餐厅经营经验的顾问，或

免费的建议不见得有价值。

许结果不会是这样，其实他本来就不应该轻易动手开餐厅。还有一个例子：一群雇员建议另一个雇员成为个体经营者——多么可笑，就像是五个盲人在谈论颜色一样。

真正的专家关注项目的所有方面，知道哪里有陷阱，哪里可能出错，他们有能力评估一整个项目。如何识别真正的专家？真正的专家直言不讳，提出的问题一针见血。比如我的弟弟不光是一个销售天才，也是极具天分的工匠，在我建造房子时，他给我提供了很有用的建议，因此我非常信任他。尽管如此，我还是没有按照他说的做（我想每个人都希望按照自己的想法装修自己的房子）。我为我的房子装了一个木质露台，它看起来非常棒。但是很快我就后悔了，我发誓再也不这么做了。因为这样的露台每年都得重新刷漆，而且木板易腐蚀，需要定期维护。而且如果人起身向后拉椅子时，还会不小心留下划痕。给木板上漆可不容易，要先用清洗剂清洗，然后干燥，再重复刷两次，这可是个大工程，我得事先把露台上所有的桌椅、装饰品搬去其他地方存放。但是如果用石材建造露台，那就省事多了。因此，我们一定要相信专家，他们会为我们明确指出方案的漏洞，并提出替代方案。企业家在创业前如果能找到一位正确的专家，听取他们的经验和建议，就会避开很多误区。

最后，由于今天是个数字化时代，我们可以运用机器强大的计算能力为我们评估海量数据，得出预测，制定战略。于是，“大数据”被吹捧为解决管理、决策难题的灵丹妙药，尤其是一些出售数据分析服务的公司，更是对其大肆追捧。企业家千万不要被“大数据”迷了双眼，虽然我不否认这些工具是有效的，但是总有一些问题需要人借助经验进行分析，而不是完全依赖数据分析。为什么飞机上总是配备两名经验丰富的飞行员，因为尽管现

多和成功的人在一起，时间越长越受益。

代飞机从起飞到降落全程都可以自动化运行，但是在发生不可预见的特殊情况时，机器终究无法取代人类。企业也是这样的。一个企业，做决策的一定是人，必要时还需要聘请顾问，没有什么算法能取代人。

> **实践经验**
>
> 一个具有远见卓识的企业家在选择合作伙伴时，一定会提前了解清楚合作伙伴的详细信息。因此，如果你想获得客户的订单，就要尽全力不要让客户在网上或者其他地方看到关于你的任何负面消息。这关乎你是否能够成功，因此，你在发布任何内容时，都要慎重考虑。不要一边标榜自己解决问题的强大能力，一边又总是抱怨客户，甚至给其他公司差评。如果你说自己十分擅长与人沟通，但实际上你经常自以为是，以自我为中心，客户怎么会相信你呢？企业家还要注意不要参加太多的聚会或者利用女性的魅力去吸引客户，这会有损你的职业形象。

生存策略 54

不承担风险才是最大的风险

很多人都知道电影《黑衣人》中的演员威尔·史密斯，他有一段有趣的视频，讲他有一次在酒吧跟朋友和家人约定第二天去跳伞，等到酒醒了，他才意识到自己这个主意多么疯狂。一想到要从万米高空中一跃而下，他就紧张得无法入睡。第二天，他如约和朋友碰面，在去机场的路上，气氛略显紧张。机场的安全指示牌上写着：如果发生意外，或降落伞没有成功打开，应该……这让一行人更加害怕。飞机缓缓升空，史密斯和朋友们试图用

> 一旦开始，也就不害怕了。

闲谈来缓解紧张，直到飞机舱门打开，他们才清醒地发现自己从来没有在这样的高空中打开过飞机舱门，还要跳下去。那一刻，除了害怕，他们再也感受不到其他了。同伴开始倒计时，5，4，3，2，1……他们一起一跃而下。而在跳下去的那一刻，最危险的那一刻，他们反倒不再害怕，甚至觉得这样的体验还不错。

对我来说，这个视频激励了我——只要我们采取行动，恐惧就会消失。只要你勇敢往下跳，降落伞自会打开。如果总是犹豫，失败的风险远远高于有目的地采取行动要承担的风险。因此，如果想要避开风险，最好的做法就是：直面“停滞不前”这一最大的风险。不幸的是，在德国，很多人想要 100% 的安全，德国人恨不得为一切事情、为每个人都投保。长此以往，人们会缺乏个人责任感，一出问题就习惯性责怪别人，总想“甩锅”，然后心安理得等待保险公司、政府的救援。新冠疫情期间政府不断启动援助资金，这就是一个很好的例证。全民都把希望寄托在政府身上，指望政府帮助自己摆脱困境，谁还会想去创业呢？这就是为什么德国的创业率那么低。2019~2020 年伦敦商学院的年度调查“全球创业观察”（GEM）显示，在全球范围内，甚至在欧洲范围内，德国人的创业精神只能算中等。在接受调查的 18~64 岁人群中，只有 1/3 的人支持创业，但是他们会因为害怕失败而明确表示自己永远都不会迈出这一步。而巴西、墨西哥、韩国还有美国等国家的人，则不会这样。

生活（和商业）中最大的风险是不承担风险。

在许多人眼里，创业是不安全的，因此他们不光不愿意打开创业这顶降落伞，甚至连飞机都不愿意上。但是，做雇员就安全吗？这恐怕是一个误解。在普通的职场，雇员很轻易就可以被取代，很少有雇员能够凭借一技之长坐稳自己的岗位。此外，雇员还得无条件听从老板的摆布，他的老板可以随时随地向他发号施令。正是由于这个原因，工会才会产生。因为单个员工根本无法与企业家抗衡，只有所有员工团结起来才能形成足够的影响力，避免成为管理层手中可以随意摆弄的棋子。那些愿意随波逐流、允许自己被愚弄，以此获得“铁饭碗”或者通过社会福利减少风险的人，往往是吃亏的。不可否认的是，企业家的生活就像是走平衡，一只脚踏在坚实的地面上，另一只脚却踩在迷丛中，中间的一切都是未知，充满风险。许多雇员不想承担这种风险，所以无论如何都不会去创业。但是如果想成为成功的人，你必须改变心态。因为雇员的风险其实高于企业家的风险，新冠肺炎疫情暴发就是一个很好的例子。疫情突然暴发，几周后，大量的公司就开始裁员，你想想，公司的董事会成员会被裁吗？当然不会，被裁掉的一定是普通雇员。

我相信，生活的意义不是获得安全感，而是学会在不确定中依旧能够生存下去。要想做到这点，最简单的办法就是不断提高自己，提高自己承担风险、克服风险的能力，从中学习经验、塑造自己坚强的个性。做什么不重要，重要的是要做好，最好是能够重新定义“好”的标准，这样你将成为该领域中最优秀的人之一。而一旦成为领域中的佼佼者，你就会吸引其他优秀的人和你合作，让自己的成功像雪球一样，越滚越大。

实践经验

如果有想法，就去实施。试一试，看能否成功。如果可能的话，你可以初步投放市场测试一下可行性，而不是坐在那里花费大量的时间思考：到底要不要试一试。一旦有想法，就先开始做，在实施的过程中再去想要不要继续下去。如果实践证明这个想法不合适，那就立马停止，去做其他的事情。你可以看看亚马逊，它的成功很大一部分来源于创新性和实践性，正如杰夫 · 贝佐斯所说，“开始”很重要。当然，你也可以选择停滞不前，过“安全”的生活，然后逐渐退步，最后“死亡”。

| 生存策略 55 |

目标越宏大，思路越清晰

如果我问你“你是否总能实现目标呢？”，你可能会下意识地立马回答“是”，因为你认为，一个总是能成功的人才有可能被社会接纳。但其实这在我看来并不是什么好事，因为总是能实现目标，说明你的目标定得太低。如果要改变这种状况，你需要重新调整目标，把目标定得高一点。定一个高一点的目标，其优势显而易见：高目标即使没有实现，也能从中学到很多。永远不要欺骗自己，尤其是在跟自己对话时。目标是我们生活的意义和方向，如果你在这本书里找到可以启发自己的想法，并且想实施，那就先确定好自己的目标，并做一个计划。想法只有通过行动才能变为现实。为了做到这一点，我可以把我的经验分享给你。

> **大目标使你向前迈进，小目标将你拴在原地。**

生活就像游乐园里的射击场。如果你想击中靶心，就要屏蔽掉周围一切分散注意力的东西，凝神聚力。就像射击时需要闭上一只眼睛，企业家要学会控制自己的注意力，这有很多办法。其中，著名的 SMART 原则是最没用的。它是一项目标管理原则，确保目标是具体的、可衡量的、有吸引力的、可实现的和有时限的。但老实说，这个原则帮助我们实现了多少目标呢？你可以算算。我认为，目标不能靠纯粹理性的方式制定，也不要总是关注能否衡量，将目标情感化更为重要。因为情感化意味着你能清楚感受到成功实现目标那一刻的感觉——你会看到什么？你会有什么感受？你会闻到、尝到什么？你的生活会有什么变化？你还有哪些潜力？你会如何向别人讲述你的经历？也就是说，目标应该激发人的各种积极情感。只有当这个目标在情感上抓住你，你开始期待成功实现它之后的生活时，你才会想要制订计划努力实现它，比如你的目标可以是“在三年内营业额翻一番”。所谓的目标要具体、可衡量、有吸引力、可实现以及有时间限制，但其实目标要落到情感上才行。具体而详细地想一下你制定这个目标的意义，会激发你实现它的动力。比如，想象一下建立一个 12 人的独立工作团队，团队可以在你不参与的情况下成功处理客户订单、获得客户推荐、处理突发问题、确定解决方案，这样你就有时间去澳大利亚旅行，或者去美国西部的国家公园探险，这么美好的生活你不向往吗？一想到未来可以过这样的生活，你就会急切地想要赶紧实施计划了。

现实和梦想之间的区别：专注。

也许，你有敏锐的头脑、理性的思维，对将目标“情感化”这样的办法不屑一顾，那么恭喜你！因为在审查资产负债表、商业计划或合作项目时，企业家需要十分敏锐和理性。涉及生活中的重大目标时，光有“理性”还不够，还需要有足够的动力、雄心和热情。那么，如何发现那些真正可以刺激你神经的目标或愿望？25 岁时，我在一次研讨会上学到了一种办法，这个办法并不新鲜，但很有效——创建“目标拼贴画”。我们坐在一叠精美的杂志前，被要求挑选出一些描述我们想要在生活中实现的目标的图片，看上去好像很可笑。但是当所有人都开始在 A3 纸上剪贴照片时，我渐渐觉得也挺有意思。3 个小时过去了，我仍然做得津津有味，裁剪、粘贴并标上日期……一旦有了热情，我就会越来越想持续进行下去。15 年后，我仍旧保存着这本拼贴画。一切对我来说都很顺利，只有一件事比计划推迟了一年，但是也很快就实现了。

一个企业家一旦确定目标，并满怀热情去追求它，就会把员工也带上这趟实现目标的旅程。企业家可以将自己潜意识中渴望的东西与目标结合，这样会更快、更轻松。想象一下，你是自己人生的船长，因此你必须积极做出决策，设定航行路线并确定中间目标。你必须把计划清晰地写下来，什么时间要走到什么地方，然后通知你的水手去按照目标行事。毕竟，船长只负责掌舵，并不负责具体工作。企业家要学会放权，这样才能有更多的时间去思考这艘船的航行方向和最终发展目标。员工不会使用望远镜、指南针和地图，这些是船长的事情。往往船长的得力助手都没有上过甲板，没有见过日光，他们并不知道船长想去哪里，他们需要的是你给出具体任务和目标，好知道要往哪个方向努力。你给的任务越具体，成功的可能性就越大，每个人都尽心竭力做好属于自己的事情，帮助你抵达目的地。因此，船长的任务是确定方向——从各种想法、建议、目标中找到最合适的。只要目标明确，道路就清晰。有时通往成功的道路早就已经出现，只不过缺乏目标的你无法看到而已。一个情绪化、充满热情的目标会调动内心成功的欲望，让你集中注意力，愿意接受那些虽然困难但是对成功有益的事情。

如何快速制订解决方案?

听起来很不可思议？我相信你能做到。从你翻开这本书到现在，我们已经相伴了这么久，我很乐意跟你分享我个人的成功方法。我承认，有些制胜法则并不是我独创，约瑟夫·墨菲（Joseph Murphy）的《潜意识的力量》对我影响很大，虽然我无法给出科学的解释，但是这些方法的确有效。就像我们的身体，虽然白天在不停地工作，但是到了晚上我们睡着时它仍在工作，呼吸、心跳、新陈代谢……一切都在继续，多么令人着迷！大脑也不会停止工作，即便我们睡着了，它也在思考问题、研究问题、解决问题。许多学术文献把这种现象称为“做梦”。通常，这个过程不受控制，它会一点点浪费宝贵的脑资源——计算能力、时间。这与我对高效行动的要求相悖，必须加以改变。多年来，我一直尝试在入睡前反思自己一天的生活和工作，回顾自己做出了哪些成绩，把他们当作成功的经验记住。然后我会思考需要完善、尚未完成的事情，并想好第二天要做什么。做完这些事情，我才会上床睡觉。我觉得这种睡前反思会对大脑在晚上的思考产生影响，让大脑可以思考如何解决问题。惊奇的是，当我睡醒时，我总是能想出前一天晚上待办事项的解决办法。你可以试一试，反正也没有什么损失。在睡前进行反思，让你的潜意识带领大脑做正确的事情——寻找解决方案。

一旦明确目标，立马开始行动。计划很重要，但是光有计划并不能带领你前行。最关键的是“开始”，在行动的过程中不断完善。从现在开始，你要做出改变，让自己“只管做”“现在就做”。计划不可能十全十美，总有你提前考虑不到的事情，预期也不可能完全正确，只能在实施过程中纠正。只要目标明确，即使遇到狂风暴雨，也不会迷失方向，并且可以调动你所有的可以意识到的和意识不到的潜力全力以赴。就像一架飞机，当它还没有起飞时，飞行员会在 GPS 上设定目的地，这是唯一的目标。当飞机开始起飞并启动自动驾驶模式后，也还是需要飞行员时不时检查飞机是否在预定路线上飞行，因为机器绝非人想象的那样聪明，遇到气流颠簸或者天气干扰，它就会偏离原定航向，需要飞行员实时监控。飞行员需要及时发现问题并快速矫正错误，这个过程很快，乘客一般不会注意到。但是，如果目标不固定，每当出现偏差，升降舵、推力器以及其他仪器就会“群龙无首”，只能先“开个会”，商量一下“行动方案”，然后再采取措施。这样的话，飞行时间就会难以预测。因此，企业家要尽一切努力知道自己的目的地，这样旅程才会轻松。总的来说，确定目标、马上行动就是发展和实现目标的最佳途径。

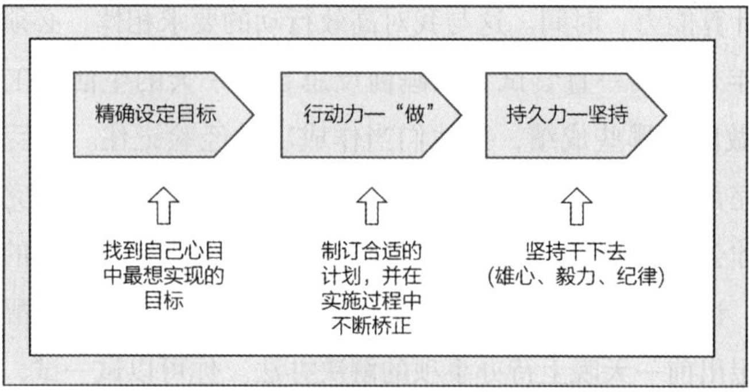

如何实现大目标？

最后，给大家一个忠告：虽然雄心、毅力、纪律在生活中的很多情况下都非常有用，但如果你意识到自己的生活发生了变化，有些目标不再适合你了，那就不用再坚持了。放弃不丢人，改变目标是为了生活更美好。赫尔穆特·卡尔·伯恩哈德·冯·毛奇（Helmuth Karl Bernhard von Moltke）说过：“没有任何作战计划在与敌人遭遇后还有效。”我不是强调不要做计划，而是想提醒你，要根据情况变化适时调整计划。

> “不做计划的人，就是在计划自己的失败”。
> ——本杰明·富兰克林

总之，企业家必须学会制订计划，并在实施过程中不断调整。为了更快实现目标，适当改变路径是必要的。目标越是宏大，越容易有清晰的路径，它就像波涛汹涌的海面上那盏闪烁的灯塔，指引你前行的方向。

实践经验

寻常人总是会问哪里有捷径，但是真正成功的人只会问“我能为梦想承受什么”。敢于承担的人，才更有可能获得成功。成功的道路上布满荆棘，每一个想成功到达彼岸的人都必须要经历它。不同的是，如果你能充满信心，克服心里的各种疑惑和恐惧，这条路走起来会比其他人要轻松得多。我们的大脑一次只能思考一件事，为了不让恐惧占用大脑，你得想办法将注意力转移到寻求解决方案上。

附录 | Appendix

为你的成功提供动力！

许多人对未来感到恐惧。这也反映了他们对“未来”的理解，在他们眼中，未来就是一连串未知、随机事件的集合，人们往往不得不在毫无准备的情况下做出反应。而我相信未来就是明天的现实，我们可以用我们此时此刻的行动影响它、控制它。因为如果你对未来有一个计划，你就可以把脑海中的想法变为现实。

因此，在本书的最后，我为你制订了一个计划，帮助你行动起来——从现在开始，每个星期都设定一个目标并按计划实施。在接下来的 52 周里，要刻意运用下面 52 种激发动力的方法：

1. 少在意一点别人的看法，事情就会变得容易得多。
2. 要么成功，要么学习，你就永远不会失败。
3. 想要成为顶端的 1%，就要做 99% 的人永远不会做的事。
4. 如果客户总想跟老板直接对话，那么你的团队是失败的。
5. 老板凡事亲力亲为，这对企业来说不是件好事。
6. 人生不是一场竞赛，我们生活的意义是享受旅程，而不是快速到达终点。
7. 销售规则：台上一分钟，台下十年功。
8. 公司的每个员工都很忙，他们的这种忙碌到底是否有意义？
9. 目标太容易实现，说明它们不能让你成长，定一个更高的目标吧！
10. 对你影响最深刻的人往往可以决定你的成就。
11. 顾问也是销售员，你要改变自己的定位。
12. 客户购买的不是产品和服务，而是“体验”和“回忆”。
13. 有时候，不学习比学习更重要。
14. 不管是老板，还是销售员，都要具备销售能力。老板卖的是动机和想法，销售员卖的是产品和服务。
15. 先训练，后竞争。
16. 拿下一个订单没什么好高兴的，要关注成单率。
17. 不犯错的人，不是太聪明，而是太懒惰。

18. 要把想法变成可见的现实。
19. “希望”不是一种策略。
20. 出勤率不产生业绩，老板应该关注结果。
21. 利润带来决策自由。
22. 生活不会变得更容易，但是你可以变得更好。因此，大胆接受新挑战吧！
23. 能预先看到结果，行动力就会爆棚。
24. 激励员工不是老板的事情。
25. 很多人拿客户“练手”，这是错误的。
26. 成功只会光顾那些勇敢克服挫折的人。
27. 成功就像分期付款买东西，这钱每天都得还，休息时间太长会让你违约。
28. 如果机会太少，就多尝试一点。
29. 多花时间和有经验的人交流，谈谈不同的内容。
30. 想要改变人生，你得先改变自己。
31. 如今的很多人不愿意竭尽全力，那要怎么证明你有成功的欲望呢？
32. 业绩跟天赋无关，是自信的问题。
33. 客户不一定愿意为他们心仪的东西买单，但一定会为让他们感到安全的东西付钱。
34. 不要放弃做自己擅长的事情。
35. 才华出众的人不缺工作，你的才华在哪里？
36. 迅速做决策的人，成功得更快。
37. 行动派自己制订实施计划。
38. 己所不欲，勿施于人。
39. 不要向没有成功的人征求意见。
40. 现实和梦想的区别：专注。
41. 没有能力的销售员比任何经济危机都可怕。

42. 提高任务难度，意味着竞争减少。

43. 那些不如你的人才会说你傲慢，这是嫉妒，不要理会。

44. 客户总是愿意把订单交给业绩更好的公司。

45. 客户不会稀里糊涂买单。

46. 任何公司都需要放弃一些不合适的客户。

47. 重复次数越多，记得越牢。只有记住，才能运用。

48. 有目的的“苛求”会激发员工潜力。

49. 与其做一份十全十美的计划或提前预设好一切，不如现在就开始。

50. 市场看的是执行力，而不是想法。

51. 公司真正的老板是客户，你的员工知道吗？

52. 销售谈话的目的不是“提供报价”，而是拿下订单。